AF296349

DEUXIÈME LISTE

DE

BLESSÉS FRANÇAIS

RECUEILLIS PAR LES TROUPES ALLEMANDES

PUBLIÉE PAR LE

COMITÉ INTERNATIONAL DE GENÈVE

Se vend au profit de l'œuvre des secours aux blessés

CHEZ GEORG, LIBRAIRE

BALE & GENÈVE

25 NOVEMBRE 1870

DEUXIÈME LISTE

DE

BLESSÉS FRANÇAIS

RECUEILLIS PAR LES TROUPES ALLEMANDES

20 NOVEMBRE 1870

Auvré, Jean-Pierre, 10e ligne, 6e c. *Hopital de réserve 3, Hanovre.*

Andrève, Jean, 40e ligne, 2e c. *Hopital de réserve 3. Hanovre.*

Adans. Constant., 40e ligne, 3e c. *Hanovre. Evacué sur Magdebourg.*

Araïd-Saïd-ben-Mohamed, 2e turcos, 5e c. *Hopital de réserve 3, Hanovre.*

Abd-el-Kader-ben-Amar, 2e turcos, 6e c. *Hanovre. Evacué sur Magdebourg.*

Adout, Charles, 36e ligne, 1re c., *Hopital de réserve 3, Hanovre.*

Amed-bel-Hadj, 3e turcos, 1re c. *Hopital de réserve 3. Hanovre.*

Audabrand, Isidore, 66e ligne, 6e c. *Hopital de réserve 3, Hanovre.*

André, François, 30e ligne, 6e c. *Hopital de réserve 3, Hanovre.*

Abadie. François, Toulouse, 74e ligne, 4e c., blessé au poignet. *Marbourg,* † le 20 Août.

Archer, Jos., L. Isle-d'Abeau (Isère), 9e cuirass., 4e esc. blessé aux reins. *Caserne, Wittenberg.*

Abgral, Hervé, Guiclan (Finistère), 12e ligne, blessé aux reins. *Caserne, Wittenberg.*

Agoyer, Louis, Savigny (Cher), 28e ligne, fièvre. *Caserne, Wittenberg.*

Augeron, Charles, Anrosey (Haute-Marne), 4e ligne, 3e b., 1re c. fièvre. *Caserne, Wittenberg.*

Alquier, Aug., Querespeu (Tarn) 34e ligne, 1er b., 4e c., fièvre. *Caserne, Wittenberg.*

Aleysson, Ph., Vals (Ardèche). 9e s. d'Administ., fièvre. *Hopital de la Tête-du-Pont, Wittenberg.*

Aubert, Mathurin, Languidic (Morbihan), 34e ligne, 3e b., 3e c., blessé au pied droit. *Hôpital de la Tête-du-Pont, Wittenberg.*

Alis, Pierre, 58e ligne, 3e b., 4e c. *Hopital de réserve Brieg.*

Autillé P.-F-G., Villelongue (Pyr.-Or.), 3e ligne, 2e b., 1re c., coup de feu à la cuisse gauche. *Caserne Wittenberg.*

Antigny (d'), Alcide, 8e ligne, 4e c. *Hôpital de réserve 3, Hanovre.*

Aubry, Jules, Tavey, 11e ligne, 2e c. *Hopital de réserve 1, Leipzig.*

Alexis, Renaud-Joseph, Fléville, 3e grenad. de la garde, sous-officier, dyssenterie. *Hopital de réserve 3, Leipzig.*

André, Léon, 26e ligne, 2e c., caporal. *Hopital de réserve, Hanovre.*

Aubry, Joseph, 97e ligne, 2e c. *Hôpital de réserve, Hanovre.*

Antoine, Charles-Jules, 12e drag, 4e esc. *Hopital de réserve, Hanovre.*

Agnot, Miltiade, Maquigny, 1er train du équip. *Hôpital de réserve, Leipzig.*

Alain, Jean-Pierre, Brion, 46e ligne, 3e c., blessé au genou droit. *Hôpital de réserve à Leipzig.*

Annapel, Etienne, Nancy, 40 ligne, 6e c., dyssenterie. *Hôpital de réserve, Leipzig.*

Aublanc, Réné, 66e ligne, 5e c., caporal. *Hopital de réserve 3, Hanovre.*

Annet, Pierre, 2e zouaves, 4e c. *Hôpital de réserve 3, Hanovre.*

Abraham, Noël, 37e ligne, 1re c. *Hopital de réserve 3, Hanovre.*

Arnoux, Florimond, Vivonne, 8e Lanciers, 4e esc. *Hôpital militaire, Spandau.*

Auboir, Claude, Igueraude, 78e ligne, 3e c. *Hôpital militaire, Spandau.*

Allègre, Aug., St-Mélanie, 58e ligne, 1re c. *Hôpital, militaire, Spandau.*

Arnaud, Claude-Martin, 1er ligne, 3e c., caporal. *Hopital de réserve, III Hanovre.*

Avril, Marie-Ange, 7e chass. à pied, 2e c. *Hôpital de réserve 3, Hanovre.*

Abd-el-Kader-ben-Boussar, 1er turcos, 6e c. *Hopital de réserve 3, Hanovre.*

Allevant, Ernest 73e ligne, 1re c. *Hôpital de réserve 3, Hanovre.*

Allouch, Marius, St-Geamet (Grasse), 96e ligne, 1er b. 4e c., coup de feu au dos. *Hopital de réserve, Offenbach.*

Alli-ben-Adda, Alger, 1er turcos, 3e b., 4e c. coup de feu au poignet g. *Hôpital de rés. Offenbach.*

Albert, Robin, Coulance (Calvados) 43e ligne, 1re c. blessé au talon droit. *Worms.*

Abd-el-Kader, Alger, 2e turcos, 3e b., 3e c. blessé au bras et à la cuisse. *Baraques, Mannheim.*

Ahmet-ben-Mohamed, 2e turcos, 3e b., 5e c, caporal, blessé à la poitrine. *Baraques, Mannheim.*

Ali-ben-Ahmed, Alger, 1er turcos, 2e b., 1re c., coup de feu à la cuuisse. *Baraques, Mannheim.*

Ali-ben-Brachman, Alger, 2e turcos, 1er b., 2e c., coup de feu à la cisse. *Baraques, Mannheim.*

Assmann-bel-Assem, Alger, 2e turcos, 3e b., 6e c., coup de feu à la cuisse. *Baraques, Mannheim.*

Ali-ben-Lakdar, Alger, 1er turcos, 3e b., 3e c. coup de feu au bras. *Baraques, Mannheim.*

Abdallah-ben-Lakdar, 2e turcos, blessé. *Evacué sur Ingolstadt.*

Augerand, Pierre. 2e ligne, 1er b. 5e c. *Baraques, Brême.*

Andrieux, Jean-Bapt., 2e zouaves, 3e b., 3e c. *Kaiser-Franz-Caserne, Berlin.*

Abd-el-Kader, Oran, 2e turcos, 3e b., 6e c., sergent, blessé à la poitrine. *Hopital 9, Mannheim.*

Arnold, Adolphe, Mulhouse, 21e ligne, 1er b., 4e c. blessé à la cuisse *Hopital 11, Mannheim.*

Alis, Pierre, 58 ligne, 3e b., 4e c. *Hôpital de réserve, Brieg.*

Albin, Robert, Aux-Loges, 74 ligne, blessé à la tête. *Hôpital de réserve, Schwetzingen.*

Anselm, Jean, Bourgoin, 33e ligne, convalescent. *Hopital de réserve, Schwetzingen.*

Achard, Pierre, St-Etienne, 24e ligne, convalescent. *Hôpital de réserve, Schwetzingen.*

Anot, Aug., Beauhin, 77e ligne, convalescent. *Hopital de réserve, Schwetzingen.*

Audinot, Armand, 96e ligne, 1er b., 1re c, typhus. *Spandau.* † le 15 Oct.

Aubert, Eug., 8e chass., typhus. *Minden.* † le 10 Octobre.

Augenèse François, 2e inf. de marine, 3e b., fièvre gastrique. *Minden,* † le 15 Octobre.

Angelo, Gaëtan, 1er zouaves, 3e b., fièvre gastrique. *Hopital Carthausen près Coblence,* † le 4 Oct.

Astier, Firmin 94e ligne, 6e b., 1re c. typhus. *Hopital Carthausen près Coblence,* † le 9 Octobre.

Assier, P.-Jos., St-Michel (Savoie), 68e ligne, 1er b., 1re c , sergent, coup de feu à la poitrine. *Hopital de réserve, Zittau.*

Adenis, Sylvain, Parsac (Creuse), 68e ligne, 2e b., 6e c. *Hôpital de réserve, Zittau.*

Andrieu, Jacq., Sarrance (B.-Pyr.), 5e hussards, 4e esc., entorse. *Hôpital de réserve, Zittau.*

Antoine, Antoine, 25e ligne, 3e b., 6e c. *Hôpital de réserve, Brieg.*

Autin, Louis, Marines (Seine-et-Oise), 34e ligne, 3e c., fièvre gastrique. *Hôpital de réserve, Altenbourg*

Aime, Cremont, 12e ligne, 3e c. *Evacué sur Coblence.*

Agrem, Jean-Bapt., 5e chass. à pied, capitaine. *Evacué sur Coblence.*

Abel, Louis, Soye-le-Pré (Cher), 99e ligne, 3e b., 7e c., coup de feu au poignet droit. *Schneidemühl.*

Adam, Alex., 36e ligne, 6e c. *Hôpital de réserve, Dessau.*

Albaron, Durand, 87e ligne, 2e c. *Hopital de réserve, Dessau.*

Amed-ben-Magdor, Blidah, 1re turc., 3e b., 6e c., coup de feu au pied d. *Caserne neuve, Offenbach.*

Albert, Robin, Couleure (Calvados), 43e ligne, 1re c., blessé au pied droit. *Worms.*

Auray, Antoine, 62e ligne. *Montoy,* † le 31 Août.

Abord, Charles-Eug., Autun, 8e artill., 5e b, capitaine, coup de feu à la jambe droite. *Hopital de rés., Zittau.*

Aspaux, J.-Marie, Côtes-du-Nord, 11e ligne, 3e b., 3e c., coup de feu à la jambe droite. *Hopital de réserve, Zittau.*

André, Victor, Montlandon, 68e ligne, 3e c. *Hôpital de réserve, Hanovre.*

Ali-ben-Hamed, Alger. 1er turcos, coup de feu au pied droit. *Hopital de réserve, Schwetzingen.*
Arnold, Ad., Mulhouse, 21e ligne, coup de feu à la cuisse. *Hopital de réserve, Schwetzingen.*
Ali-ben-Mahomed, Alger, 1er turcos, coup de feu. *Hopital de réserve, Schwetzingen.*
Ali-brama, Alger, 2e turcos, coup de feu à la cuisse. *Hopital de réserve, Schwetzingen.*
Ahmet-ben-Mohamed, Alger, 1er turcos, coup de feu à la poitrine. *Hôpital de rés., Schwetzingen.*
Abd-el Kader-Laoché, Alger, 2e turcos, coup de feu au dos. *Hopital de réserve, Schwetzingen.*
Aubry, 50e ligne. *Cœslin.*
Alioud, 2e inf. de marine. *Cœslin.*
Auget, 99e ligne. *Ambulance de la gare, Carlsruhe.*
Ardaun, J., Charlieu, (Loire), 2e zouaves. *Ambulance de la gare, Carlsruhe.*
Ahmed-ben-Lassen, Deni-Djenad, 1er turcos, 5e c., blessé au pied. *Hopital de réserve, Leipzig.*
Abd-el-Kader-ben-Gourine, 2e turcos, 5e c. *Hôpital de réserve, 3, Leipzig.*
Annard ou **Arnaud**, S., Bressolles (Nord), 3e ligne, 6e c. coup de feu à la cuisse. *Hôpital de réserve 2, Leipzig.*
Allard, Justin, Lille, 1er zouaves, 1re c. *Hopital de réserve 3, Leipzig.*
Azemat, Fréd., Caillaud-St-Vincent, 52e ligne, 2e c. *Hôpital de réserve 3, Leipzig.*

Brousse, Antoine, 30e ligne, 6e c. *Hanovre,* évacué sur *Magdebourg.*
Bernet, Saturnin 77e ligne, 5e c. *Hôpital de réserve 3. Hanovre.*
Baquet, Pierre, 36e ligne, 5e c. *Hanovre,* évacué sur *Minden.*
Buquet, Jean-Michel, 24e ligne, 4e c. *Hanovre,* évacué sur *Magdebourg.*
Bahoff, Eugène, 23e ligne, 4e c. *Hôpital de réserve, 3, Hanovre.* † le 30 Août de blessures.
Biboulon, Henri, 2e artill., 7e batt. *Hôpital de réserve, 3, Hanovre.*
Bascoul, Etienne, 93e ligne. *Hôpital de réserve, 3, Hanovre.*
Bourdai-Pasquiat, 66e ligne, 5e c. *Hôpital de réserve, à Hanovre.*
Bouveyron, Paul, 32e ligne, 2e c. *Hôpital de réserve, 3, Hanovre.*
Bonnoire, Joseph, 3e ligne, 2e c. *Hôpital de réserve, 3, Hanovre.*
Ben-Mohamed-Salem, 2e turcos. *Hôpital de réserve, 3, Hanovre.* Evacué sur *Magdebourg.*
Busir-Chier, 2e turcos, 1e c. *Hopital de réserve, 3, Hanovre.*
Bleuze, Philibert, 3e zouaves, 3e b., 2e c., sergent. *Hôpital de réserve, 3, Hanovre,* évacué sur *Magdebourg.*
Balon, Lucien, 24e ligne, sergent. *Hôpital de réserve, 3, Hanovre.*
Baptiste, Louis-Jean-Pierre, 24e ligne. *Hôpital de réserve, 3, Hanovre.*
Bernède, Jean, 40e ligne, 2e b., 1e c, capitaine. *Hôpital militaire, Coblence.*
Blanc, Rémond, 24e ligne, 3e b., 3e c., sous-lieutenant. *Hôpital militaire, Coblence.*
Bouvard, Jules, Coiserette (Jura), 24e ligne, coup de feu au genou droit. *Berlin.*
Becker, Christ., Rorbach (Mos.), 2e ligne, coup de feu à la poitrine et au bras. *Berlin.*
Baptiste, François, 2e zouaves. *Hôpital de réserve, 3, Hanovre.*
Bouchenelle, Louis, 8e ligne, 3e c. *Hôpital de réserve, 3. Hanovre.*
Bodain Réné, 24e ligne, 1e c. *Hôpital de réserve, 3, Hanovre.*
Brantobe, Joseph, 40e ligne, 8e c. *Hôpital de réserve, 3, Hanovre.*
Borget, Etienne, 47e ligne, 2e c. *Hôpital de réserve, 3, Hanovre.*
Bartin, Jean, 56e ligne, 4e c. *Marbourg (baraques).*
Barthez, Louis, Soullier, 1er chass. à pied, 6e c. *Hopital de réserve, Gœrlitz.*
Baillon, Eug., Bettencourt, 26e ligne 2e c. *Hopital de réserve, Gœrlitz.*
Bonnet, Ant , 72e ligne, caporal. *Hôpital de réserve, Gœrlitz.*
Barthélemy, Marie, Vaucluse, 1er zouaves, caporal. *Hopital militaire, Spandau.*
Bousson, Charles, Blamont, 7e artill., 4e batt. *Hopital militaire, Spandau.*
Brioude, Antoine, Ancinange (Corrèze), 47e ligne, 2e b., 4e c., coup de feu à la jambe droite. *Caserne de Wittemberg.*
Bertin, Ad,, Caudebec (Seine-Inférieure), 2e zouaves, 1er b., 6e c. *Caserne de Wittemberg.*
Burthé, Désiré, Paris, rue Théhéran, 15, 8e chass. à pied, 6e c. *Caserne de Wittemberg.*
Barraud, Jean, Gonzou (Creuse), 99e ligne, 3e b., 4e c. caporal, blessé au côté gauche et à la tête. *Caserne de Wittemberg.*

Bartoli, Jean, Bastia (Corse), 3e de ligne, 2e b., 2e c. *Hopital Bastion danois à Wittemberg.*

Betschler, Théod., Eauze (Gers), 34e ligne, 3e b., 6e c., fièvre. *Hopital Bastion danois à Wittemberg.*

Bellerat, Ch., Neuville. 1e inf. de marine, fièvre. *Hopital Bastion danois à Wittemberg.*

Bourgeois, Michel, Panosses (Isère), 43e lanciers, 2e b., 3e c. coup de feu au côté droit. *Hopital Bastion danois à Wittemberg.*

Barral, Thomas, Valnesée (Nord), 9e chasseurs à pied, 5e c., fièvre. *Hôpital Bastion danois à Wittemberg.*

Bouganne, Julien, Tour-en-Sarnois (Loire-Inférieure), 10e ligne, 1er b., 4e c., fièvre. *Hôpital Bastion danois à Wittemberg.*

Bonoin, Pierre, Vichy (Allier), 34e ligne, 3e b., 6e c., fièvre. *Hôpital Bastion danois à Wittemberg.*

Bonnefonds, Louis, Ludon (Gironde), 34e ligne, 3e b., 4e c., fièvre. *Hôpital Bastion danois à Wittemberg.*

Berthaux, Prosper, Chaumont (Haute-Marne), 4e ligne, 3e b., 2e c., fièvre. *Hôpital de la Tête du Pont à Wittemberg.*

Barreau, Jean, Hagnac (Charente), 34e ligne, 3e b., 2e c., fièvre. *Hôpital de la Tête du Pont à Wittemberg.*

Bejot, Joseph. St-Dié (Vosges), 2e train d'artill., dyssenterie. *Hôpital de la Tête du Pont à Wittemberg.*

Bacadates, Pierre, Barcus (Basses-Pyrénées), 99e ligne, 3e b., 6e c., dyssenterie. *Hôpital de la Tête du Pont à Wittemberg.*

Bregh, Jos., Colmar, 3e cuirassiers, 4e esc., brig. fourr., blessé au genou gauche. *Hôpital de la Tête du Pont à Wittemberg.*

Beaufils, Pierre-Victor, Hambye (Manche), 10e ligne, 3e b., 4e c., coup de feu à l'épaule droite. *Hopital de la Tête du Pont à Wittemberg.*

Besrala, Blidah (Alger), 1er turcos, sergent, blessé à l'épaule. *Hôpital de la Tête du Pont à Wittemberg.*

Bache, J.-Jules, Paleyrac (Dordogne), 11e ligne, 1er b., 4e c., blessé au pied gauche, *Hôpital de la Tête du Pont, à Wittemberg.*

Bozec, Jos., Merlerenez (Morbihan), 49e ligne, 1er b., 4e c., éclat d'obus au bras droit. *Hôpital de la Tête du Pont à Wittemberg.*

Bonnard, J.-M. Lorette, Rive-de-Gier (Loire), 83e ligne, musicien. *Hôpital de la Tête du Pont à Wittemberg.*

Barrière, Louis, Bouillargues (Gard), 2e zouaves, 2e b., 6e c. *Hôpital de la Tête du Pont à Wittemberg.*

Bernardini, Louis, Venzelousa (Corse), 25e ligne, 1er b., 3e c. *Hopital de la Tête du Pont à Wittemberg.*

Bonnard, Félix, Valence (Drôme), 6e chass. à pied, 3e c. *Hopital du Bastion danois à Wittemberg.*

Bourdel, Jos., Quesnay (Seine-Inférieure), 6e chass. à pied, 1e c. *Hopital du Bastion danois à Wittemberg.*

Baze, Michel, Villelongue (Hautes-Pyrénées), 83e ligne, 3e b., 5e c. *Hopital du Bastion danois à Wittemberg.*

Bourdet, Ch.-L., Serres par Argelès (Hautes-Pyrénées), 34e ligne, 1er b., 5e c. *Hopital maison Gast, à Wittemberg.*

Barrère, Joseph, St-Lann, arrond. de Castelnau-Rivière-Basse (Hautes-Pyrénées), 37e ligne, typhus. *Glogau.* † le 1er Octobre.

Bletzy, Claude, 2e inf. de marine, dyssenterie. *Erfurt.* † le 1er Octobre.

Bertrand, Charles, garde mob., dyssenterie. *Erfurt.* † le 2 Octobre.

Bonnesterre, Pierre, 18e ligne, typhus. *Erfurt.* † le 28 Septembre.

Bertaux, Jean-Claude, 2e génie, 1er b., 6e c., typhus. *Erfurt.* † le 2 Octobre.

Boucher, Ange-Stanislas, 1er lanciers, 4e esc., dyssenterie. *Erfurt,* † le 3 Octobre.

Boutet, Albert, 82e ligne, 2e b., petite vérole. *Minden.* † le 29 Septembre.

Bebon, Sylvain, 45e ligne, dyssenterie. *Minden.* † le 1er Octobre.

Boithict, Gaspard, 1er inf. de marine, typhus. *Mayence,* † le 9 Octobre.

Baut, Bernard, 2e génie, typhus. *Mayence.* † le 8 Octobre.

de Begas, Jules-Gaston, 24e ligne, 3e c. *Hopital de réserve 3, Hanovre.*

Bertay, Célestin, 82e ligne, 4e c. *Hopital de réserve 3, Hanovre.*

Bonneau, Georges, 36e ligne, 4e c. *Hopital de réserve 3, Hanovre.*

Bouvard, Marie, 36e ligne, 2e c. *Hopital de réserve 3, Hanovre.*

Bergerice, Cyprien, 72e ligne, 1e c. *Hôpital de réserve 3, Hanovre.*
Ballet, Cyprien, 24e ligne, 1e c. *Hôpital de réserve 3, Hanovre.*
Bayard, Adolphe, St-Omer, 68e ligne, 6e c., fièvre. *Hôpital de réserve I, Leipzig.*
Barbier, Nicole, Gremecey, 68e ligne, 6e c., dyssenterie. *Hôpital de réserve, Leipzig.*
Boulis, Pierre, St-Méré, 2e ligne, 2e b., 1e c., coup de feu au bras gauche. *Saarlouis.*
Bazaine, Hippolyte, Amiens, 19e ligne, 4e c., coup de feu au genou droit, amputé. *Saarlouis.*
Burcail, Dom., Oderlo, 3e ligne. *Weinheim.*
Dabutot, Blaise, 28e ligne, 3e c. *Hôpital de réserve 3, Hanovre.*
Boulard, François, 33e ligne, 2e c. *Hôpital de réserve 3, Hanovre.*
Bouzou, Pierre, 93e ligne, 2e c. *Hôpital de réserve 3, Hanovre.*
Maillet, Jean, 56e ligne, 4e c. *Hôpital de réserve 3, Hanovre.*
Boudot, Pierre, 23e ligne, 3e c., caporal. *Hôpital de réserve 3, Hanovre.*
Beyron, Fabius, 4e ligne. *Hôpital de réserve 3, Hanovre.*
Boni, Pierre, 72e ligne, 5e c. *Hôpital de réserve 3, Hanovre.*
Berton, Pierre, 7e artill., 6e batt., brigadier. *Hôpital de réserve 3, Hanovre.*
Barrat, Alexandre, 20e ligne, 5e c. *Hôpital de réserve 3, Hanovre.*
Bataille, Dom., Urbanya, 68e ligne, 5e c., dyssenterie. *Hôpital de réserve I, Leipzig.*
Boison, Léon, Meussia, 9e cuirassiers, 3e c. *Hôpital de réserve 1, Leipzig.*
Biffoud, Jean, Chatillon, 13e artill., 11e b., trompette. *Hôpital de réserve 1, Leipzig.*
Berard, Victor, Tavernes, 19e chass. à pied, dyssenterie. *Hôpital de réserve 1, Leipzig.*
Brack ou Braque, Michel, Inkirch, 6e artill. *Hôpital de réserve 1, Leipzig.*
Bernet, Jean-Baptiste, Alberouse, 50e ligne, dyssenterie. *Caserne des Pionniers, Darmstadt.*
Bertrand, Gabr., Fontvieille, 52e ligne. *Clinique, Giessen.*
Bossé, Claude, Graché, 2e zouaves, 3e c. *Worms.*
Baroux, F.-B., Montbrison (Loire), 1er cuirassiers. *Élisabethstift à Darmstadt.*
Badaroux, Montauban, 3e inf. de marine. *Elisabethstift à Darmstad.*
Ben Salah, Guelma, 3e turcos, sous-lieutenant. *Hôpital de réserve, Offenbach.*
Bayle Casimir, St-André, 17e chass. à pied, 6e c. *Worms.*
Bonnet, Jean-Baptiste, Aubin, 3e ligne, 1er b., 1re c. *Worms.*
Besnier, François, Noigner, 46e ligne, 2e b., 3e c. *Worms.*
Bérier, François, 15e chass. à pied, 1re c. *Hôpital de réserve 3, à Hanovre.*
Breton, Charles, 15e chass. à pied, 5e c. *Hôpital de réserve 3, à Hanovre.*
Boyron, Jos., 7e ligne, 3e c. *Hôpital de réserve 3, à Hanovre.*
Boscart, Jean Baptiste, 63e ligne, 5e c. *Hôpital de réserve 3, à Hanovre.*
Breton, Pierre, 99e ligne, 5e c. *Hôpital de réserve 3, à Hanovre.*
Brette, François-Charles, 40e ligne, 3e c., sergent-fourrier. *Hôpital de réserve 3, à Hanovre.*
Bertrand, Louis-Charles, 78e ligne, 6e c. *Hôpital de réserve 3, à Hanovre.*
Baudry, Louis, 54e ligne, 2e c. *Hôpital de réserve 3, à Hanovre.*
Bourdet, Auguste, 70e ligne, 4e c. *Hôpital de réserve 3, à Hanovre.*
Blance, Jean, 47e ligne, 6e c., sergent-major. *Hôpital de réserve 3, à Hanovre.*
Briand, Louis, 62e ligne, 1re c. *Hôpital de réserve 3, à Hanovre.*
Billot, Henri, 2e zouaves, 2e c. *Hôpital de réserve 3, à Hanovre.*
Brunette, Bertram, Toulouse, 58e ligne, 4e c. *Hôpital militaire, à Spandau.*
Bodot, Michel, Clermont, 88e ligne, 1re c. *Hôpital militaire, à Spandau.*
Berdulat, Jean, Clermont, 97e ligne, 3e c. *Hôpital militaire, Spandau.*
Belfort, François, Adrisac, 47e ligne, 6e c. *Hôpital militaire, Spandau.*
Beaufieny, Léonard, St-Denis-des-Murs, 6e artill., 8e batt. *Hôpital militaire, Spandau.*
Beauvcie, Claude, Saint-Germain-Lespinasse, 78e ligne, 9e c. *Hôpital militaire, Spandau.*
Bacquet, Alfred, Cours-St-Quentin, 20e ligne, 3e c. *Hôpital militaire, Spandau.*
Baquet, Louis, St-Maxire, 20e ligne, 6e c. *Hôpital militaire, Spandau.*
Bousson, Charles, Blamont, 7e artill., 4e batt. *Hôpital militaire, Spandau.*
Bréard, Edmond, Néville, 8e artill., 3e batt. *Hôpital militaire, Spandau.*
Blaize, Victor-Louis, Montigny-des-Mines, 11e artill., 4e batt. *Hôpital militaire, Spandau.*
Bignon, Aimé, Au Lac, 58e ligne, 1re c. *Hôpital militaire, Spandau.*
Bredillard, François, St-Mammès, 21e ligne, 6e c. *Hôpital militaire, Spandau.*
Banchard, Isidore, St-Maximin, 58e ligne, 1re c. *Hôpital militaire, Spandau.*

Blin, Reyin, 40e ligne, 2e c. *Hôpital militaire, Spandau.*

Bardau, Jean-François, Elpi, 36e ligne, 5e c. *Hôpital militaire, Spandau.*

Bencha, B., 2e turcos, 6e c., caporal. *Hôpital de réserve 3, Leipzig.*

Berzairie, Joseph, 96e ligne, 6e c. *Hopital de réserve 3, Leipzig.*

Buc, Remond, St-Guyette, 14e artill., 12e batt. *Hôpital militaire, Spandau.*

Barresse, Remond, Sousseras, 58e ligne, 1re c. *Hôpital militaire, Spandau.*

Beaux, Jules, Huvilles, 10e artill., 5e batt. *Hôpital militaire, Spandau.*

Bauclé, Prosper, Fresnes, 21e ligne, 4e c. *Hôpital militaire, Spandau.*

Bordin, Clément, Ferrières, 20e chass. à pied, 8e c. *Hopital militaire, Spandau.*

Bide, Gabriel, Bayonne, 58e ligne, 6e c. *Hôpital militaire, Spandau.*

Berry, Georges, Strasbourg, 58e ligne, 3e c. *Hôpital militaire, Spandau.*

Brochet, Pierre, 68e ligne, 1re c. *Hôpital de réserve 3, Hanovre.*

Blanc, Jean-Baptiste, 28e ligne, 1re c., caporal. *Hôpital de réserve 3, Hanovre.*

Berthoit, Jean, 50e ligne, 1re c. *Hôpital de réserve 3, Hanovre.*

Blanc, Louis-Emile, 1er zouaves, 1re c. *Hôpital de réserve 3, Hanovre.*

Belcassem ben Ahmet, 3e zouaves, 1re c., caporal. *Hôpital de réserve 3, Hanovre.*

Bardy, Jean, 97e ligne, 6e c. *Hôpital de réserve 3, Hanovre.*

Brenner, Jean-Baptiste, 4e artill., 7e batt. *Hôpital de réserve 3, Hanovre.*

Boileau, Firmin, 21e ligne, 1re c. *Hôpital de réserve 3, Hanovre.*

Bouvy, Charles, 1er turcos, 4e c., sergent-major. *Hôpital de réserve 3, Hanovre.*

Bouget Louis, 62e ligne, 1re c. *Hôpital de réserve 3, Hanovre.*

Brun, Michel, La Poutroye (Haut-Rhin), 74e ligne, sergent, coup de feu à la poitrine. *Hôpital général à Mannheim.*

Boutet, Eugène, Beaussault (Rouen), 78e ligne, 2e c., dyssenterie. *Hôpital militaire, Mannheim.*

Brunnet, J.-B., Grenoble, 1er zouaves, 5e c., lieutenant, blessé à l'œil et à la cuisse gauche. *Oberndorfsches Haus, Mannheim.*

Bardou, Jules, Goux (Gironde), 5e ligne, 1er b., 5e c., coup de feu à l'épaule. *Seilerbahn ou Schwetzingen.*

Bastien, Louis, Regnauville (Pas-de-Calais), 74e ligne, 1er b., coup de feu à la jambe. *Seilerbahn ou Schwetzingen.*

Bergal, Paul, Lyon, 61e de ligne, 1er b., 6e c., coup de feu à la main droite. *Seilerbahn ou Schwetzingen.*

Bonnet, Jacques, La Mastre (Ardèche), 3e zouaves, 2e b., 3e c., amputé d'un bras. *Seilerbahn ou Schwetzingen.*

Bougier, Jean-Claude, St-Julien (Loire), 68e ligne, 2e b., 6e c., coup de feu à la jambe droite. *Seilerbahn ou Schwetzingen.*

Baldie, Jean, Goudon (Loire), 50e ligne, 1er b., 5e c., coup de feu à la jambe et au bras. *Baraques Mannheim.*

Bar ben Ahmed, Alger, 1er turcos, 3e b., 5e c., coup de feu à la poitrine. *Baraques, Mannheim.*

Begesse, François, Long-Vinice (Morbihan), 32e ligne, 2e c., coup de feu au pied gauche. *Baraques, Mannheim.*

Bercassen ben Haidj, 1er turcos, 2e b., 1re c., coup de feu au bras. *Baraques, Mannheim.*

Besse, Victor, Torsau (Aveyron), 74e ligne, 1er b., 3e c., amputé de la jambe gauche. *Baraques, Mannheim.*

Bichot, Henri, Vire (Calvados), 74e ligne, 3e b., 3e c., caporal, coup de feu à la cuisse gauche. *Baraques, Mannheim.*

Bick, Henri, Anor (Nord), 3e zouaves, 3e c., coup de feu à la tête. *Baraques, Mannheim.*

Boiramé, F., Becod (Lozère), 10e ligne, 2e b., 1re c., coup de feu au pied. *Baraques, Mannheim*

Boutroy, Georges, Autremencourt (Aisne), 50e ligne, colonel, coup de feu au pied (amputé). *Baraques, Mannheim.*

Bremon, E., Doux-entre-Loire, 21e ligne. *Hôpital militaire, Carlsruhe.*

Bellot, A., Charnac ou Jarnac (Charente), 52e ligne. Evacué sur *Ingolstadt.*

Busch, J.-B., Rouffach (Colmar), 3e ligne. Evacué sur *Ingolstadt.*

Betz, J., 48e ligne. Evacué sur *Ingolstadt.*

Binquet, L., 47e ligne, sergent. Evacué sur *Ingolstadt.*

Brugière, E., 2e zouaves. Evacué sur *Ingolstadt.*

Boulin, J., 47e ligne, blessé. Evacué sur *Ingolstadt*.

Bertrand, Jean-Baptiste, 46e ligne, 3e c., sergent-fourrier. *Hôpital de réserve 3, Hanovre.*

Besombes, Jean-Louis, 67e ligne, 6e c. *Hôpital de réserve 3, Hanovre.*

Bodo, Amand, 64e ligne, 3e c. *Hopital de réserve 3, Hanovre.*

Bemarest, Alex., 23e ligne, 3e c., lieutenant. *Hopital de réserve 3, Hanovre.*

Barbas, Eug., 64e ligne, 5e c., sous-lieutenant. *Hopital de réserve 3, Hanovre.*

Bourand, Paul-Louis, 48e ligne, 6e c., lieutenant. *Hopital de réserve 3, Hanovre.*

Banoust, Jules, 2e turcos, 6e c., sous-lieutenant. *Hopital de réserve, Hanovre.*

Beleazen ben Ahmet. 2e turcos, 2e b., 6e c., sergent *Baraques, Brême.*

Borget, Etienne, 40e ligne, 2e b., 5e c. *Baraques, Brême.*

Bartois, Jean, 57e ligne, 2e b., 6e c. *Baraques. Brême.*

Benet, Pierre, 64e ligne, 3e b., 3e c. *Baraques, Brême.*

Boulanger, H., 67e ligne, 3e b., 3e c. *Baraques, Brême.*

Bertrand, Jos.-Michel, 25e ligne, 2e b., 1re c. *Baraques, Brême.*

Boiret, Hippolyte, 2e chass. d'Afrique, brigadier. *Baraques, Brême.*

Blanc, Hippolyte, 20e chass. à pied, 5e c. *Baraques, Brême.*

Beynebelle, Pierre, Pessoulens (Gers), 34e ligne. *Baraques Brême.*

Bougès, Jean, Cahors, 17e ligne, caporal, coup de feu à la poitrine et à la jambe droite. *Hopital de réserve, Meiningen.*

Barthès, Jos., 64e ligne, 2e b., 2e c. *Baraques Brême.*

Bourgain, Hubert, 62e ligne, 2e b., 5e c. *Baraques Brême.*

Bouchout, Jean, 47e ligne, 1er b., 3e c. *Baraques Brême.*

Bisson, Prosper, 94e ligne, 1er b., 1re c. *Baraques Brême.*

Bernier, Jacques 91e ligne, 1er b., 6e c. *Baraques Brême.*

Barois, Hippolyte, 2e zouaves, 1er b., 3e c. *Baraques Brême.*

Blambert, François, 74e ligne. *Maison de santé. Brême.*

Bernard, Charles, 10e chass. à pied. *Maison de santé, Brême.*

Biseau, Séraphin, 48e ligne 3e b., 4e c. Guéri, *évacué sur Posen.*

Buisson, Al., 10e chass. à pied, 4e c. Guéri, *évacué sur Posen.*

Becker, Joseph, garde-mob., 4e b., 2e c. Guéri, *évacué sur Posen.*

Brouanz, Ant.-J., garde-mob , 3e b., 2e c., Guéri, *évacué sur Posen.*

Barthel, Claude-Marie, Iviace (Côtes-du-Nord), 68e ligne, 1er b., 1re c , dyssent. *Arsenal à Mannheim.*

Brangot, Stanislas, Guino (Loire-Inf.), 94e ligne, 4e b., 3e c. dyssenterie. *Arsenal Mannheim.*

Barré (de), Aug.-L., Valenciennes, 50e ligne, 1er b., capitaine, 2 coups de feu à la poitrine, fracture du bras. *Administration des Domaines. à Mannheim.*

Bouché, Etienne, Blanche (Nièvre), 47e ligne, 2e b., 2e c., amputé de la cuisse. *Ambulance holland , Mannheim.*

Bossuet, Antoine, Canou (Gironde), 53e ligne, musicien, catarrhe. *Hopital de réserve. Nordhausen.*

Barauld, Eugène, Guiserie (Saône-et-Loire), 64e ligne, 4e b., 6e c. *Hopital de réserve, Nordhausen.*

Belli-Kad-Ahmet 1er turcos, 3e b., 4e c. *Evacué sur Cosel.*

Bertin Eugène 2e inf. de marine, 2e b., 2e c. *Evacué sur Cosel.*

Belanger, Benjamin, 3e inf. de marine, 1er b., 2e c. *Evacué sur Cosel.*

Beaumont, Eug.-Martin, 74e ligne, 1er b., 8e c. *Evacué sur Cosel.*

Bosul, Léon, Arbois (Jura), 8e lanciers, 4e esc. *Hopital de réserve, Benrath.*

Behautar-ben-Missoun, Oran, 2e turcos, 2e c. *Hôpital de réserve, Benrath.*

Boneris, Jacq., Périgueux, 20e ligne, 6e c. *Hopital de réserve, Benrath.*

Bleydit, Carloman, Omrecourt (Nord), 10e artill., 11e batt. *Hopital de réserve, Benrath.*

Bouchacourt, Claude, Ligné, 62e ligne. *Hôpital de réserve, Schwetzingen.*

Bouché, J., St-Etienne, 68e ligne, coup de feu à la cuisse droite, convalescent. *Hopital de réserve, Schwetzingen.*

Bonnet, J., Barthélemy, 3e zouaves. *Hopital de réserve Schwetzingen.*

Bastian, Louis, Beaumont, 64e ligne. *Hôpital de réserve, Schwetzingen.*

Besse, Victor, Forsac, 74e ligne, amputé à la cuisse droite, convalescent. *Hôp. de réserve, Schwetzingen.*

Baldy, Jacq., là Bastide-Mural, 50e ligne, fracture de la cuisse. *Hôpital de réserve Schwetzingen.*

Boidel, T., Busse, 50e ligne, guéri. *Hopital de réserve Schwetzingen.*

Batrix, Jos., Varanguebec, 12e ligne, convalescent. *Hôpital de réserve, Schwetzingen.*

Badroise, Louis, Lourciu, 12e ligne, convalescent. *Hopital de réserve, Schwetzingen.*
Belgueule, L., Vue-le-Saut, 93e ligne, convalescent. *Hopital de réserve, Schwetzingen.*
Bourlon, Charles, Tagnière, 73e ligne, convalescent. *Hopital de réserve, Schwetzingen.*
Berirain J., Plovan, 65e ligne, convalescent. *Hopital de réserve Schwetzingen.*
Besmots, Victor, 1er lanciers, 4e esc., typhus. *Hopital Erfurt,* † le 5 Octobre.
Beaulot, Jul.-E., 6e chass., dyssenterie. *Hôpital Erfurt,* † le 6 Octobre.
Buguet, Hippolyte, 34e ligne, 2e b., 2e c., typhus. *Hopital Erfurt,* † le 6 Octobre.
Boussac, Jean, 34e ligne, 1er b., 3e c., typhus. *Hopital Erfurt,* † le 7 Octobre.
Bécour, François, Montéveseau (Haute-Garonne), 2e artill., 2e batt., maréchal-des-logis, typhus. *Hopt., Wesel,* † le 8 Octobre.
Boch, Jacques, Wasslenheim (Bas-Rhin), 96e ligne, 2e b., 8e c., dyssenterie. *Hopital Neisse,* † le 8 Oct.
Beslaudes, Louis, 10e ligne, typhus. *Hopital Danzig,* † le 8 Octobre.
Billa, Pierre, Parlhac, 52e ligne, typhus. *Hopital Posen,* † le 5 Octobre.
Bonneau, Pierre, Nérigean, 72e ligne, 2e b., 4e c., sergent, typhus. *Hopital Posen,* † le 6 Octobre.
Besquet, Florimond, Jaulignac, 96e ligne, typhus. *Hopital Posen,* † le 8 Octobre.
Barbet, Ernest, 21e ligne, 1er b., 5e c., sergent, typhus. *Spandau,* † le 16 Octobre.
Bourrinet, Jean, 34e ligne, 2e b., 3e c., typhus. *Erfurt,* † le 11 Octobre.
Bouljeux, Louis, 47e ligne, 2e b., typhus. *Minden* † le 6 Octobre.
Briquet, garde-mobile, hémorrhagie. *Minden,* † 11 Octobre.
Breuil, Jean, 45e ligne, 1er b., 6e c., caporal, typhus. *Carthausen,* † le 4 Octobre.
Blanc, Arthur, 3e train, 7e c., typhus. *Carthausen,* † le 9 Octobre.
Bedier, Jacques, 78e ligne, 1er b., 4e c., typhus. *Erfurt,* † le 8 Octobre.
Bord, Jean, 18e ligne, 1er b., 6e c., typhus. *Erfurt,* † le 8 Octobre.
Bivielle, E.-Victor, 6e ligne, 4e b., 2e c., caporal, typhus. *Spandau,* † le 12 Octobre.
Blangée, Amédée, Proha (Oise), 8e artill., 3, batt., typhus. *Neisse,* † le 12 Octobre.
Betinas, Jacques, Neuvic (Corrèze), 88e ligne, fièvre gastrique. *Posen,* † le 9 Octobre.
Beaudon, Jean, Vernais (Cher), 45e ligne, caporal, hémorragie. *Posen,* † le 11 Octobre.
Bayant, Joseph, 53e ligne, typhus. *Torgau,* † le 13 Octobre.
Bourdonde, Fréd., 1er turcos, lieutenant, coup de feu à la joue. *Ambulance de Givonne,* † le 8 Sept.
Belmas, Jean, 72e ligne, 3e c., amputé de la jambe gauche *Ambulance de Givonne,* † le 14 Sept.
Boitard, Ch.-Alex., Noyers (Loiret), 5e lanciers, dyssenterie. *Hôpital de réserve, Meiningen.*
Bret, Pierre-Ch., Bordeaux, 1er zouaves, 5e c., *Evacué sur Mannheim,* le 13 Octobre.
Beldier, Louis Gust., La Ferté, (Eure-et-Loir), 21e ligne. *Evacué sur Mannheim.*
Balland, Jos.-Henri, Granges (Vosges), 3e ligne, 1er b., 6e c., blessé au talon g. *Hôpital de réserve, Zittau.*
Bernardat, Charles, Chateau (Allier), 46e ligne, 3e b., 5e c., coup de feu au mollet gauche. *Hôpital de réserve, Zittau.*
Brocaire, Pierre, Berson (Gironde), 30e ligne, 1er b., 4e c., dyssenterie. *Hôpital de réserve, Zittau.*
Boury, Alph.-Mich., (Somme), 68e ligne, 3e b., 4e c., blessé à l'épaule, *Hôpital de réserve, Zittau.*
Bourdon, Charles, 79e ligne. *Hôpital de réserve, Brieg.*
Bernard, Victor, 79e ligne, caporal. *Hôpital de réserve, Brieg.*
Bidat, Elie, Beauvillas (Savoie), 74e ligne, 1er b., 2e c., coup de feu à l'épaule g. *Hôpital de réserve, Zittau.*
Bourdillon, François-Marie, Decy-l'Etape (Isère), 47e ligne, 3e b., 4e c., coup de feu au mollet gauche. *Hopital de réserve, Zittau.*
Breban, L.-L.-A., Doucy (Seine-et-Marne), 61e ligne, 2e b., 5e c., coup de feu au mollet gauche. *Hôpital de réserve, Zittau.*
Bareille, Pierre, Buzon (Ardèche), 3e ligne, 2e b., 6e c., coup de feu à la cuisse gauche. *Hopital de réserve, Zittau,*
Babouin, Edouard, Jssoudun (Indre), 47e ligne, 2e b., 3e c., coup de feu au mollet gauche. *Hopital de réserve, Zittau.*
Boulnoir, Ad., St-Pierre-du-Palais (Charente), 86e ligne, 3e b., 5e c., coup de feu au dos. *Hopital de réserve, Zittau.*
Bodard, 24e ligne, 2e b., 2e c., blessé à la poitrine. *Ambulance de Courcelles,* † le 27 Août.
Bertrand, S., St-Laure, 10e chass., 5e c. blessé au bras. *Ambulance de Vœlklingen.*
Bodaut, F., 47e ligne. *Carlsruhe,* † le 17 Octobre.

Bechara-ben-Haïd, Algérie, turcos, blessé. *Carlsruhe.*
Bridot, J.-P., 1er chass., 1re c. *Hôpital de réserve. Dessau.*
Brahie, Tancrède 1er chass., 4e c. *Hôpital de réserve, Dessau.*
Baumann, Peter, 1er chass. à chev., 6e esc. *Hôpital de réserve, Dessau.*
Bourge, Joseph, Cosse, 51e ligne, 1re c., sergent, coup de feu à la cuisse gauche. *Ambulance, Juville*, † le 23 Août.
Berabas, Amédée, 1er turcos. 2e b., 2e c., sergent. *Evacué sur Minden*, le 1er Octobre.
Brasseux, Jean, 2e zouaves, 2e b., 4e c. *Evacué sur Minden*, le 1er Octobre.
Ben-Thar, 1er turcos. 4e b., 4e c. *Evacué sur Minden* le 1er Octobre.
Biduelle, Joseph, 19e ligne. *Ambulance de Montoy.* † le 31 Août.
Breingay, Jean Sérignan (T. et Gar.), 11e ligne, 1er b., 4e c., blessé à l'épaule. *Hôpital de réserve, Zittau.*
Buset, J.-Louis. Montagne Versiers (Isère), 68e ligne, 3e b., 4e c., caporal, coup de feu au genou. *Hôpital de réserve, Zittau.*
Betto ou **Bettau**, Pierre, Bastille, 88e ligne 2e b., 1e c. coup de feu au pied droit. *Hôpital de réserve, Zittau.*
Bouet, Jean, 12e ligne 5e c. coup de feu à la cuisse. *Ambulance des Étangs.*
Bidallier, Joseph, 19e ligne. *Ambulance de Montoy.* † le 30 Août.
Buffet, Eug., 62e ligne 6e c., sergent. *Montoy* † le 9 Septembre.
Bunet, 90e ligne. 3e c. *Ambulance à Boulay.*
Borry, infirmier. *Ambulance à Boulay.*
Baine, Félix. 64e ligne dyssenterie *Ambulance à Boulay.* † 18 Septembre
Besombes, Jean-Louis, 67e ligne. 6e c. Evacué sur *Hanovre.*
Bellot, Henri, 2e zouaves. 2e c. *Hôpital de réserve 1, Francf.-s/M.*
Briant, Jean, Brienne, 94e ligne, 3e c. *Hôpital de réserve 1. Francf.-s/M.*
Bande, B.-Marie Iriace, 68e ligne, 1e c. *Hôpital de réserve 1, Francf.-s/M.*
Brassier, Edouard, Chautille ou Chantelle 3e zouaves, 4e c. *Hôpital de réserve 1, Francfort-sur-le-Mein.*
Bassler, Aug. 88e ligne, 5e c. *Hôpital de réserve 1, Francfort-sur le-Mein.*
Ben-Asman, Alger, 2e turcos, fracture de la jambe. *Hôpital de réserve, Schwetzingen.*
Brigasse, François, Soiriant, 31e ligne. *Hôpital de réserve, Schwetzingen.*
Ben-Ali, Alger. 1er turcos. *Hôpital de réserve, Schwetzingen.*
Bouché, Etienne, Blonché, 47e ligne, amputé de la jambe droite. *Hôpital de réserve, Schwetzingen.*
Benoin. F., Marsas, 3e ligne, convalescent. *Hôpital de réserve, Schwetzingen.*
Brouanz, Ant.-J., 3e garde mobile. 2e c., guéri et évacué sur *Posen.*
Ball, Amédée, guéri et évacué sur *Posen.*
Boulin, J. 47e ligne. Evacué sur *Ingolstadt.*
Borrel, 56e ligne. *Cœslin.*
Batailler, 93e ligne. *Cœslin.*
Berpose, 96e ligne. *Cœslin.*
Bousseau, 7e ligne. *Cœslin.*
Bassuet, 5e ligne. *Cœslin.*
Buet, 1er zouaves. *Cœslin.*
Bellerin, Benoit, Joyeux, 34e ligne. 3e c., dyssenterie. *Hôpital de réserve, Attenbourg.*
Boutet, François, Mitignon 10e artill., 10e b. *Hôpital de réserve, Attenbourg.*
Boulandez 9e artill. *Cœslin.*
Brichet, 2e chass. à pied. *Cœslin.*
Barthelet, 1er hussards, brigadier. *Cœslin.*
Breit, 56e ligne. *Cœslin.*
Latique, 5e ligne. *Cœslin.*
Barth, C.-F., Strasbourg, 2e zouaves. *Hôpital militaire, Carlsruhe.*
Beldier, Louis-Gust., La Ferté, 21e ligne. *Hôpital de réserve, Meiningen.*
Blaitry, 7e ligne. *Cœslin.*
Biard, 7e ligne. *Cœslin.*
Bouton, Pierre, (Charente), 73e ligne, 1e c. coup de feu à la cuisse gauche. *Hôp. de rés. 2, Leipzig.*
Brogue, Jean-Ulysse, Garlin, 87e ligne, 2e b., 6e c., entorse. *Hôpital de réserve 3, Leipzig.*

Berthier, Benoit, Coutoure. 18e ligne, 5e c.. coup de feu à la cuisse gauche. *Hopital de réserve 3, Leipzig.*

Bordes, J.-B.-Em , Foix 87e ligne, 1e c , coup de feu à la poitrine. *Hopital de réserve 3, Leipzig.*

Bottier, Adolphe Nanteuil. 1er chass. à pied, 3e c. Coup de feu à l'index gauche. *Hopital de réserve 2, Leipzig.*

Borelle, Charpen-Ville. 96e ligne, 2e c *Hopital de réserve 2, Leipzig.*

Ballet, Jos.-Alb.. Villeneuve (H.-Garonne) 96e ligne, 4e c.. sergent. *Hopital de réserve 2, Leipzig.*

Ben Brahim Mohamed, Oran, 2e turcos, 6e c. *Hopital de réserve 2, Leipzig.*

Boissel, Edouard, Paris, 34e ligne, 2e c. *Hopital de réserve 2, Leipzig.*

Boube, Jacq.. Aurignac, 34e ligne, 5e c., dyssenterie. *Loge maçonnique à Altenbourg.*

Böttgen, Jos , 24e ligne, 2e b., 6e c , caporal. *Hopital de réserve à Butzow.*

Breton, Pierre-Marie, 24e ligne, 3e b., 3e c. *Hanovre.*

Beseïda-Ammed, Oran, 2e turcos. 1e c., blessé à la jambe. *Hanovre.*

Caillon, Pierre-Jos., 2e ligne, 4e c. *Hanovre.*

Cousseau, Jean, 2e zouaves, 4e c. *Hanovre.* Evacué sur *Magdebourg.*

Collot, Louis, 21e ligne, 2e c. *Hopital de réserve 3, Hanovre.*

Collard, Gustave, 24e ligne, 1re c. *Hanovre.* Evacué sur *Magdebourg.*

Courrier. Joseph, 24e ligne, 3e c., sergent. *Hôpital de réserve 3, Hanovre.*

Coste, Hippolyte, 99e ligne, 2e c. *Hopital de réserve 3, Hanovre.*

Cabasse, Ernest, 74e ligne, 2e c. *Hôpital de réserve 3, Hanovre.*

Carlo, François, 74e ligne, 6e c., caporal. *Hopital de réserve 3, Hanovre.*

Croix, Gustave, 74e ligne, 6e c. *Hopital de réserve 3, Hanovre.*

Charpentier, Joseph, 24e ligne, 1re c. *Hopital de réserve 3, Hanovre.*

Cœurdevache, Isidore, 24e ligne. 3e c. *Hopital de réserve 3, Hanovre.*

Chatin Auguste, 10e chass. à pied, 1re c. *Hopital de réserve 3, Hanovre.*

Cedo ben Cherg, 2e turcos, 6e c. *Hopital de réserve 3. Hanovre.* Evacué sur *Magdebourg.*

Chipon Alfred-Nicolas, 40e ligne, 8e c. *Hopital de réserve 3, Hanovre.*

Camille, Simon, 99e ligne, 2e c. *Hopital de réserve 3, Hanovre.*

Caminade. Pierre, 10e chass. à pied, 2e c. *Hopital de réserve 3, Hanovre.*

Chassé. Etienne, St-Just, 40e ligne. blessé au pied gauche. *Hopital militaire, Berlin.*

Cherré, Louis, 3e chass. à pied, 4e c. *Hopital de réserve 3 Hanovre*

Carbonnel, Albert, Paris, 74e ligne, coup de sabre à la tête. *Marbourg* (guéri et évacué).

Cautez, Jules, Villars-la-Rixouse, 26e ligne, 2e c. *Hopital de réserve 8, Gœrlitz.*

Chaudé, Emile, Vronont, 73e ligne, 5e c. *Hopital de réserve 8, Gœrlitz.*

Catarife, Franç. (Haute-Vienne), 45e ligne. *Hopital militaire, Spandau.*

Conou, Vincent, Vannes, 58e ligne, 4e c. *Hôpital militaire. Spandau.*

Cadin. Victor, St-Denis (Seine), 28e ligne, 2e b., 1re c. *Caserne, Wittenberg.*

Charles, J.-M., Sendevende (Morbihan), 26e ligne, 3e b., 2e c., blessé à la cuisse droite. *Caserne, Wittenberg.*

Charrière, François, Erein (Corrèze), 37e ligne, 3e b , 4e c.. éclat d'obus à l'épaule gauche. *Caserne, Wittenberg.*

Clouet, Hippolyte, Bourdainville (Seine-Inférieure), 3e chass. d'Afrique, 1er esc., blessé au menton et au bras gauche. *Caserne, Wittenberg.*

Coste, Jean, St-Priest-les-Foguères (Dordogne). 89e ligne. abcès à la joue. *Caserne, Wittenberg.*

Cahier, Jacques, St-Laurent-du-Pont (Isère), 17e chass. à pied. *Hopital du bastion Danois, Wittenberg.*

Canavaggio, J.-B., Ajaccio (Corse), 83e ligne, 2e b., 4e c. *Hopital du bastion Danois, Wittenberg.*

Champenois, Charles-Alexandre, Eclaron (Haute-Marne), 1er lanciers, 2e esc. *Hopital du bastion Danois, Wittenberg.*

Claustre, Etienne, Monestier (Puy-de-Dôme), 9e art. *Hopital du bastion Danois, Wittenberg.*

Chatelain, Charles, Gugney-aux-Aulx (Vosges), 4e ligne, 1er b., 1re c., caporal. *Hôpital du bastion Danois Wittenberg.*

Charer, Jean, Macol (Ardèche), 82e ligne, 1er b. 5e c. *Hopital du bastion Danois, Wittenberg.*

Couvin, Désiré, Tanaron (Basses-Alpes), 83e ligne, 2e b. 4e c *Hopital du bastion Danois, Wittenberg.*

Couderc, H., Villaret, près Mende (Lozère), 6e cuirass., 4e esc., brigadier. *Hopital. maison Gast, Wittenberg.*

Cauderot, Pierre. Vennays (Gironde), 53e ligne, 1er b.. 2e c.. petite vérole. *Hopital, maison Gast, Wittenberg.*

Coutreaux, Pierre 53e ligne, petite vérole. *Wittenberg.* † le 30 Septembre.

Crenau. Jean, 75e ligne, 3e b., 1re c., blessé à la tête. *Wittenberg.* † le 2 Octobre.

Coltier, Alfred Couvrot, arrondissement de Vitry-le-Français, garde mobile, dyssenterie. *Glogau* † le 30 Septembre.

Comme, Jean. 18e ligne, typhus. *Mayence.* † le 8 Octobre.

Chevallier, Alex., Berneuil (Charente), 34e ligne, 3e b , 6e c. *Hopital du bastion Danois Wittenberg.*

Cailliez, Charles, Politincove (Pas-de-Calais) 70e ligne, 3e b., 5e c. *Hôpital du bastion Danois, Wittenberg.*

Chavy, Antoine, Thoissey (Ain), 17e chass., 5e c., caporal. *Hopital du bastion Danois, Wittenberg.*

Carnejac, Jules, Montaigut-Quercy (Tarn-et Garonne), 89e ligne, 3e c. *Hopital de la Tête-du-Pont, Wittenberg.*

Cadéac, J.-M., Pousans-Soubiran (Gers), 34e ligne, 3e b., 4e c., caporal lièvre. *Hopital de la Tête-du-Pont, Wittenberg.*

Cuny, Sébastien. Neumont (Vosges) 40e ligne, 3e b.. 1re c., blessé au bras et au côté gauches. *Hopital de la Tête-du-Pont. Wittenberg.*

Courdem, Edouard, Poitiers (rue de la Loire), 97e ligne. 1er b., 2e c., éclat d'obus à la cuisse gauche. *Hopital de la Tête-du-Pont, Wittenberg.*

Cadou-Beled, Emdi (Alger), 1er turcos, 2e b., 3e c., blessé à la cuisse gauche. *Hopital de la Tête-du-Pont, Wittenberg.*

Campana, Ange-Pierre, Ortiporio (Corse), 10e ligne, 1er b.. 4e c., sergent, blessé à la main droite et à la tête. *Hopital de la Tête-du-Pont. Wittenberg.*

Chazelas, St-Laurent-s/G. (Haute-Vienne), 7e lanciers, 1er esc. *Hopital au bastion Danois. Wittenberg.*

Caillaud, Pierre, St-Christophe (Charente . 83e ligne, 2e b., 1re c. *Hopital du bastion Danois, Wittenberg.*

Clementi, P.-A., St-Giovanni (Corse), 83e ligne, 2e b , 4e c., sergent. *Hopital de la Tête-du-Pont, Wittenberg.*

Collin, François, 43e ligne, 2e c. *Hopital de réserve 3, Hanovre.*

Canibert, 68e ligne, 4e c.. *Halle-s/S.* †

Courreger, Louis, 77e ligne. 6e c., capitaine. *Hopital de réserve I, Bonn.*

Couic, Marc, 76e ligne, 5e c. *Hopital de réserve I, Bonn.*

Cherpère, Xavier, Hartzwiller. 12e ligne. 3e b., 2e c. coup de feu au bras droit. *Saarlouis ou Wallerfangen.*

Coulom, Célestin, Belleville, 1er ligne, 1er b., 4e c., coup de feu au bras et à la cuisse gauche. *Saarlouis ou Wallerfangen.*

Champion, Eug., 63e ligne, 5e c. *Hôpital de réserve, Hanovre.*

Carton, Napoléon, 26e ligne, 1re c. *Hôpital de réserve, Hanovre.*

Couet, Charles, 2e ligne. *Hopital de réserve. Hanovre.*

Crouxé, Simon, 48e ligne. 4e c. *Hopital de réserve, Hanovre.*

Coutura, Jean, Lavinadière, 68e ligne, 3e c. *Hopital de réserve I, Leipzig.*

Cunin, Charles-Auguste, Lusse, 46e ligne, 2e c., coup de feu au genou droit. *Hopital de réserve I, Leipzig.*

Clérentin, Odille, Vignacourt, 68e ligne, 3e c. *Hopital de réserve I, Leipzig.*

Couteville, François, 10e ligne, 4e c. *Hopital de réserve 3, Hanovre.*

Clergue, Hyacinthe, 15e ligne, 4e c. *Hopital de réserve 3, Hanovre.*

Chevalier, Louis-Jules, 25e ligne, 5e c. *Hopital de réserve 3, Hanovre.*

Colomès, Prosper, 22e ligne, 4e c. *Hopital de réserve 3, Hanovre.*

Catarife, François (Haute-Vienne, 45e ligne. *Hopital militaire, Spandau.*

Conou, Vincent, Vannes, 58e ligne, 4e c. *Hopital militaire Spandau.*

Chouavat, Jacques St-Chaumont 8e artill. 4e batt. *Hopital militaire, Spandau.*

Chiou, Vincent, St-Chamas 20e ligne, 6e c. *Hopital militaire, Spandau.*
Chauvin, Joseph, St-Gonès, 3e ligne, 2e c. *Hopital militaire. Spandau.*
Chaumeret, Alex., Luzy, 58e ligne, 3e c. *Hopital militaire, Spandau*
Chiaut, Jules Blancourt, 58e ligne, 3e c. *Hopital militaire, Spandau.*
Combes, Louis, 6e artill., 12e batt. *Hopital de réserve 3, Hanovre.*
Chardon, Gustave, 8e chass. à pied, 3e c. *Hopital de réserve, Hanovre.*
Charot, Félix, Clamecy, 3e turcos, 3e c. *Hopital militaire, Spandau.*
Combe, Etienne, Arques, 58e ligne, 6e c. *Hopital militaire. Spandau.*
Canut, Pierre, Hennin 58e ligne 1re c. *Hopital militaire Spandau.*
Clarisse, Prosper, 28e ligne, 4e c. *Hopital de réserve 3 Hanovre.*
Cazelles, Charles, 3e zouaves, 1re c., caporal. *Hopital de réserve 3 Hanovre.*
Corgeu, Jean, 50e ligne, 4e c. *Hopital de réserve 3, Hanovre.*
Courtade, Dominique, 2e zouaves, 1re c *Hopital de réserve 3, Hanovre.*
Clément, V , 50e ligne, 5e c. *Hopital de réserve 3, Hanovre.*
Colin, Alex., Fromentières (Marne), 47e ligne, 4e c. caporal *Hombourg.*
Chevalier, François, Simplé (Mayenne), 43e ligne, 1er b., 5e c., coup de feu au bras et à la jambe. *Mannheim.*
Callandré, François, Sesan (Loire), 64e ligne, 2e b., 1re c. blessé à la cuisse. *Baraques, Mannheim*
Chatignoux, François, Grand-Bourg (Creuse), 54e ligne, 2e c., coup de feu au bras gauche. *Baraques, Mannheim.*
Chedeville, Antoine Male ville (Nancy), 2e turcos, 2e b., 4e c., sergent-fourrier, coup de feu à la cuisse droite. *Baraques, Mannheim.*
Chevrier, Charles, Saulxures (Vosges), 73e ligne, 3e b., 1re c., coup de feu au bras droit. *Baraques Mannheim.*
Crétin, Fr., St-Martin-d'Auxigny, 65e ligne 1re c., coup de feu à la cuisse g. *Baraques Mannheim.*
Corèges Paul. Mauléon (Haute-Vienne), 50e ligne, 3e b , 1re c., coup de feu au bras *Bar. Mannheim.*
Courtaud, Louis, Sens (Yonne), 3e zouaves, 2e b., 5e c. coup de feu à la jambe. *Baraques Mannheim.*
Chaudet, Jean, Alibande-Villars (Savoie), blessé. *Evacué sur Ingolstadt*
Cayot, François, blessé. *Evacué sur Ingolstadt.*
Combe, Pierre, blessé *Evacué sur Ingolstadt.*
Caubet, Jean, Cours 5e ligne, blessé. *Evacué sur Ingolstadt.*
Carrè, Marius, Orange, 36e ligne, caporal, blessé. *Evacué sur Ingolstadt.*
Coëz, François, Magnière 99e ligne, blessé. *Hopital civil, Carlsruhe* † le 25 Septembre.
Chaplin, E., 78e ligne, blessé. *Evacué sur Ingolstadt.*
Cellier, L , 78e ligne, sergent, blessé. *Evacué sur Ingolstadt.*
Coulon E , Fismes (Marne), 48e ligne, blessé. *Hopital militaire, Carlsruhe,* évacué depuis
Cholet, Louis, 91e ligne, 2e c *Hopital de réserve 3, Hanovre.*
Crétin, Louis, 3e ligne, 1re c. lieutenant. *Hopital de réserve 3 Hanovre.*
Cauet ou **Canet** Edmond, 24e ligne, 5e c., sous-lieutenant. *Hopital de réserve 3, Hanovre.*
Cordon, Louis, 19e ligne, 1er b., 3e c. *Baraques, Brême.*
Cousin, Etienne 55e ligne, 3e b., 2e c. *Baraques, Brême*
Cardiser, Nicolas, 10e chass à pied 3e c. *Baraques, Brême.*
Claude, Jean, 45e ligne, 3e b., 6e c. *Baraques, Brême.*
Corfa, G., 21e ligne, 1er b. 4e c. *Baraques, Brême.*
Carayot, Hector, 99e ligne 1er b. 4e c. caporal. *Baraques, Brême.*
Chagnaut, Phil., St-Philibert (Loire-Inf.), 1er train d'artill , blessé. *Hopital de réserve, Meiningen*
Chaussaraud, Pierre, 36e ligne 2e b. 5e c. *Baraques, Brême.*
Chevalier, Jérôme, 73e ligne, 1er b. 3e c. *Baraques, Brême*
Carbouriche, Jacques, 98e ligne. 1er b., 4e c. *Baraques, Brême.*
Chirch, Etienne, 40e ligne, 2e b., 5e c. *Baraques, Brême.*
Cartier Antoine, 25e ligne 3e b , 3e c., caporal. *Baraques, Brême.*
Cuzin, François, 9e chass à pied, 2e c. *Baraques, Brême.*
Calvet, Gabriel, 2e ligne, 2e b., 5e c. *Baraques, Brême.*
Cayrol, Pierre, 93e ligne, 3e b. 2e c *Baraques, Brême.*
Clairay, Hector, 32e ligne, sergent. *Maison de santé, Brême.*
Courney, Barth , 93e ligne. *Maison de santé, Brême.*

Céleste, Mathias, 94e ligne, 4e b., 4e c. Guéri, *évacué sur Posen.*

Chabin, Jean, 96e ligne, 2e b., 1re c. Guéri *évacué sur Posen.*

Courtou, Eug., 63e ligne, 3e b. 3e c. Guéri, *évacué sur Posen.*

Clément, Omer, 4e garde-mobile 7e c. Guéri. *évacué sur Posen.*

Charron, François-Charles. 4e garde mobile, 6e c., sergent. Guéri *évacué sur Posen.*

Ciffre, Jean-Bapt., Lunas. 74e ligne, 1re c., lieutenant, coup de feu au ventre. *Administration des Domaines Mannheim.*

Chaudet, Jean, Alibaude (Savoie). *Evacué sur Ingolstadt.*

Cayot François. *Evacué sur Ingolstadt*

Caubet, Jean, Tours. 50e ligne, *Evacué sur Ingo'stadt.*

Christophle, L.. 45e ligne, caporal. *Evacué sur Ingolstadt.*

Conditién, Jean, 3e inf. de marine, 4e c. *Offenbach.*

Colta, Bapt.-Jean, 37e ligne, 2e b., 3e c. *Evacué sur Cosel.*

Chevalier, Pierre-Henri, Angers, 5e cuirass , 4e c., dyssenterie *Hopital de réserve, Benrath.*

Cadore-ben-Ali, Oran 2e turcos, 4e c. *Hopital de réserve, Benrath.* Evacué le 13 Octobre sur *Mannheim.*

Capdeville, Pierre, (Landes), 86e ligne 6e c., coup de feu au dos. *Hopital de réserve, Benrath.* Evacué le 13 Octobre sur *Mannheim.*

Champion, Jean, Morcellière (Landes), 79 ligne, 4e c., coup de feu à la cuisse droite. *Hopital de réserve. Benrath.*

Corvey, Jean-Bapt., Graudicz, 78e ligne, 2e c. *Evacué sur Mayence.*

Chamfond, Alcide, Limange, 98e ligne. Guéri. *Hopital de réserve, Schwetzingen.*

Chatignoux, F , Grand-Bourg, 50e ligne. *Hopital de réserve, Schwetzingen.*

Clavier, Pierre, Binic 3e ligne, convalescent. *Hopital de réserve, Schwetzingen.*

Canivet, Jean, Morigny (Seine et Oise). 11e sect. d'administ., coup de sang. *Glogau,* † le 9 Octobre.

Cuesse. Joseph, Beaufort (Savoie), 45e ligne, typhus. *Glogau,* † le 10 Octobre

Coulon, François, 45e ligne, 3e b. 4e c., typhus. *Wittenberg,* † le 9 Octobre.

Coche, J.-L.-E., Bellegarde-Poussieux, Ouvr. d'admin., anémie. *Posen,* † le 3 Octobre.

Clavé, Michel, Céré, 52e ligne, typhus. *Posen* † le 8 Octobre.

Cadran Louis, 64e ligne, 3e b., sous-lieutenant, typhus. *Erfurt,* † le 10 Octobre.

Charrut, No mat. 2801, 72e ligne, typhus. *Erfurt,* † le 11 Octobre.

Cassadou. Jean, St-Lubos (Gironde). 5e cuirass., 2e esc., typhus. *Neisse* † le 13 Octobre.

Clavier, Antoine, 7e artill , coliques. *Minden,* † le 13 Octobre.

Coué, Louis, 10e artill., infl. de l'estomac. *Minden,* † le 14 Octobre.

Chartier, François, 14e ligne, 2e b , 3e c., typhus *Carthausen,* † le 5 Octobre.

Corduau, Jean, 2e inf. marine 3e b., 4e c, typhus. *Carthausen,* † le 4 Octobre.

Cohignac. Louis, 14e ligne, 1er b., 3e c , caporal, typhus *Carthausen,* † le 9 Octobre.

Chamarte. Anatole, 10e artill 7e batt., brigadier, typhus. *Erfurt,* † le 10 Octobre.

Chuniaud, Pierre Couéron (Loire Inf., 52e ligne typhus. *Posen,* le 9 Octobre.

Capagne, Jean. Toulouse, 3e ligne, phthisie pulm. *Posen* † le 10 Octobre.

Cobiau, Alex, 87e ligne, petite-vérole. *Mayence,* † le 13 Octobre.

Cazedemont, Jos. Henri, Bordeaux. 34e ligne, caporal. *Remis à Mannheim* comme prisonnier.

Cheverier, Lucien, Simplé (Mayenne) 43e ligne, 1er b., 5e c., typhus. *Hôpital 1, Mannheim.*

Cassel, François, St-Symphorien d'Y. (Isère), 68e ligne, 2e b., 4e caporal. *Hopital de réserve Zittau.*

Cologne, Julien, Horsin (Clermont), 34e ligne, 3e c., dyssenterie. *Hopital de réserve. Altenbourg.*

Caufournier, Const., le Hâvre, 74e ligne, 3e b., 2e c., 2 coups de feu à la cuisse gauche. *Hôpital de réserve, Zittau*

Coissard, Pierre, Seyssel (Haute-Savoie), 68e ligne 3e b , 3e c., caporal coup de feu à la cuisse gauche. *Hopital de réserve, Zittau.*

Chevalier, Honoré, Cholet (Maine-et-Loir), 86e ligne 3e b , 4e c , coup de feu à la cuisse gauche. *Hopital de réserve, Zittau.*

Cap, Jean, Loos (Landes), 66e ligne, 2e b., 1re c., coup de feu à la cuisse droite. *Hop. de rés, Zittau.*

Candelier, Eusèbe, Bucquoy (P.-de-Calais), 66e ligne 3e b., 2e c., coup de feu à la cuisse d. *Hôpital de réserve. Zittau.*

Combe, Venance, Montoison (Drôme) 11e ligne 2e b., coup de feu à la cuisse droite *Hopital de réserve, Zittau.*

Chouer, Joseph, Langenac (Isère), 47e ligne, 1er b., 1re c., coup de feu à la jambe droite. *Hopital de réserve, Zittau.*

Chembert, Louis, Nardanne (Rhône), 85e ligne, 3e b., 2e c., blessé à la poitrine. *Ambulance Courcelles*, † le 1 Septembre.

Cavaignac, Alexis, 22e ligne, dyssenterie. Evacué guéri à *Wittenberg.*

Castannie, Pierre, 4e voltigeurs, coup de feu au genou. *Ambulance Ay près Metz.*

Carteau, Laurent, 6e lanciers, 2e c. *Hopital de réserve, Dessau.*

Chapard, Henri, 16e artill., 15e batt., trompette. *Hopital de réserve, Dessau.*

Carbonnel, Victor, St-Saturnin, 2e grenadiers, coup de feu à l'avant-bras gauche. † à *Ars-sur-Moselle* le 27 Août.

Cambon, Jér., Toulouse, 1er ligne, 3e b., 4e c., caporal, coup de feu au coude gauche. *Hopital de réserve, Zittau.*

Cogis, Alfred, Bretigny, 94e ligne, coup de feu au jarret gauche. *Ambulance à Corny-s/Moselle* † le 10 Septembre.

Chavois, Pierre, Cressanges, 56e ligne, 1er b., 5e c., coup de feu au coude gauche. *Hopital de réserve, Offenbach.*

Champort, Marcelin, Beaulieu (Loire), 48e ligne, 2e b., 5e c., petite vérole. *Hopital de réserve, Offenbach.*

Coyerder-Ragalem, Tenez, 1er turcos, 4e b., 2e c., coup de feu à la cuisse droite. *Hopital de rés., Offenbach.*

Courth, Jean-Marie, Chédières (Morbihan), 48e ligne, 1er b., 2e c., coup de feu à l'épaule droite. *Hopital de réserve, Offenbach.*

Crocovielle, Victor, Samilly, 65e ligne, 1er b., 2e c., coup de feu à la jambe gauche. *Ambulance à Noviant.*

Caron, Jules, Trouville (Nord), 61e ligne, 1er b., 1re c., trois coups de feu. *Hopital de réserve, Zittau.*

Chibert, Antoine, 70e ligne, 2e b., 5e c., sergent-major, *St-Charles, Pont-à-Mousson.* †

Chauvignon, Pierre, 71e ligne. *Ambulance des Etangs.* † le 26 Septembre.

Cousin, Nicolas, 19e ligne, caporal. *Montoy.* † le 5 Septembre.

Chebault, Isidore, 28e ligne. *Boulay.* † le 20 Septembre.

Coquard, Marie, 5e artill., 9e b. Evacué sur *Mayence.*

Collemp, Joseph, Excevenex, 68e ligne, 1re c. *Hopital de réserve 1, Francfort.*

Chabaud, Jean, Faye, 99e ligne, blessé au bras. *Hopital de réserve, Schwetzingen.*

Chredeville, Ant., Mahivelle, 2e turcos, fracture de jambe. *Hopital de réserve, Schwetzingen.*

Callendrit, Fr., Cessens, 74e ligne, convalescent. *Hopital de réserve, Schwetzingen.*

Courdane, Louis, Sens, 3e zouaves, coup de feu. *Hopital de réserve, Schwetzingen.*

Coupau, 64e ligne. *Coeslin.*

Courval, chass. à pied. *Coeslin.*

Croubau, 1er hussards. *Coeslin.*

Crin, 1er chass. à pied. *Coeslin.*

Corr, 79e ligne. *Coeslin.*

Courau, 20e artill. *Coeslin.*

Choisy, 2e infant. de marine. *Coeslin.*

Chambard, Camille, 1er zouaves. Evacué sur *Ingolstadt.*

Cervaux, Alex., Sauvigny (Allier), 18e ligne, blessé. Evacué sur *Ingolstadt.*

Camp, Nivier, 26e ligne. *Hopital militaire, Carlsruhe.*

Cardemont, Jos.-H., Bordeaux, 34e ligne, caporal, fièvre gastrique. *Hopital de réserve, Meiningen.*

Chauvet, 8e cuirassiers. *Coeslin.*

Clément, H.-Pierre, Metz, 68e ligne, 3e c., coup de feu à l'épaule droite. *Hopital de réserve 2, Leipzig.*

Clochard, Ant., Salles (Aveyron), 52e ligne, 3e c., catarrhe. *Hopital de réserve 2, Leipzig.*

Cabannes, Claude, Eynesse (Gironde), 72e ligne, 3e c., catarrhe. *Hopital de réserve 2, Leipzig.*

Chretien, Jean, Hures-de-la-Vic (Meurthe), artill. de la mobile. *Sorau.*

Chavanette, Denis, 2e ligne, 3e b., 2e c. *Hopital de réserve 1, Butzow.*

Coudrin, Louis, Savigné-l'Evêque (Sarthe), 78e ligne, dyssenterie. *Hopital de réserve 2, Leipzig.*

Dertremaut, Charles, 77e ligne, 5 c. *Hôpital de réserve, Hanovre.*

Durosoy, Eugène, 3e zouaves, 1re c. *Hanovre.* Évacué sur *Magdebourg.*

Douin. Constantin, 54e ligne, 3e *Hôpital de réserve, Hanovre.*

Dat Dominique, 76e ligne, 4e c. *Hôpital de réserve, Hanovre.*

Dufresne, Louis-Jos., 66e ligne, 6e c. *Hôpital de réserve. Hanovre.*

Dupuy, Henri, 47e ligne, 6e c. *Hôpital de réserve, Hanovre.*

Désiré, Pierre, 50e ligne, 4e c. *Hôpital de réserve, Hanovre.*

Déremaux, Adolphe, 63e ligne, 3e c. *Hôpital de réserev, Hanovre.*

Degenetais, Clovis, 63e ligne, 3e c. *Hôpital de réserve, Hanovre.*

Deguet. Honoré, 40e ligne, 1re c. *Hôpital de réserve. Hanovre.*

Devaux, Louis-Désiré, 4e ligne, 1er b., 1re c., lieutenant. *Hôpital militaire. Coblence.*

Derache, Charles, 63e ligne, 2e b., 4e c. *Hôpital militaire, Coblence.*

Dimong ou **Dumont**, Math., Zula, 56e ligne, coup de feu au bras droit. *Berlin.*

Derbuel, Emile, Châteauneuf, 54e ligne, coup de feu au bras gauche. *Berlin.*

Duval, Paul. Tribehou (Manche), 50e ligne, caporal, coup de feu au genou. *Berlin.*

Duroisier, François, Servais (Aisne), 6e artill., coup de feu au bras droit. *Berlin.*

Decarnonq, Victor, Paris, 1er chass. coup de feu au genou. *Berlin.*

Dorantor Z., 77e ligne, 6e c. *Hôpital de réserve 3, Hanovre.*

Dumoulin, Gustave, 63e ligne, 2e c. *Hôpital de réserve 3, Hanovre.*

Dodin, Auguste, Paris. 7e ligne, sous-lieutenant. *Clinique. Marbourg.*

Doremus, Ach.-Jos., Marcq, 8e d'artill., 4e batt., maréchal-des-logis. *Hôpital militaire, Spandau.*

Duffet, Edmond-Const., St-Dizier, 51e ligne, 2e b., 6e c. *Caserne, Wittenberg.*

Deheger, Pierre, Winnezele (Nord). 65e ligne, 4e b., 2e c., coup de feu à la poitrine. *Caserne, Wittenberg.*

Dourthe. Armand, Lit (Landes), 34e ligne, 3e b., 3e c., fièvre. *Hôpital du bastion Danois, Wittenberg.*

Denogens, Pierre, Peysac (Dordogne), 94e ligne, 2e b., 4e c. *Hôpital du bastion Danois, Wittenberg.*

Dauriac, Bazile, Tourdun (Gers), 34e ligne, 2e b., 6e c. *Hôpital du bastion Danois, Wittenberg.*

Dubernac, Jean, Vignolet (Gironde, 34e ligne, 1er b., 2e c. *Hôpital du bastion Danois, Wittenberg.*

Dumoucept, J.-M.. Mouchal (Loire), 83e ligne, 1er b., 2e c. *Hôpital du bastion Danois, Wittenberg.*

Ducarne, Jean, Siessert (Bas-Rhin), 6e chass. à pied, 5e c. *Hôpital du bastion Danois, Wittenberg.*

Dariez, Louis, Paloignac (Tarn) 34e ligne, 1er b., 3e c. *Hôpital du bastion Danois, Wittenberg.*

Dupuy, Jean-M.. Civens (Loire), 83e ligne, 1er b., 2e c. *Hôpital de la Tête-de-Pont, Wittenberg.*

Durand, Ph.. Trépot (Lot), 34e ligne, 4e b., 7e c. *Hôpital de la Tête-de-Pont, Wittenberg.*

Desplanches, François, Sian (Charente), 34e ligne, 2e b., 2e c., fièvre. *Hôpital de la Tête-de-Pont Wittenberg.*

Dulat, Jean Coux (Dordogne), 34e ligne. 4e b., 1re c., fièvre. *Hôpital de la Tête-de-Pont, Wittenberg*

Desmoulins, Jacques Château-Chinon, 37e ligne, 1re b., 6e c., fièvre. *Hôpital de la Tête-de-Pont, Wittenberg.*

Dentu (le), Léon-G., La Cambe (Calvados), 85e ligne, 3e b., 5e c. *Hôpital de la Tête-de-Pont, Wittenberg.*

Demai, Jos.. Ste-Agnès (Alpes-Maritimes), 96e ligne, 2e b., 1re c., Eclat d'obus à la main droite. *Hôpital de la Tête-de-Pont, Wittenberg.*

Dayre, André, Bouillargues (Gard), 93e ligne, 1er b., 4e c. *Hôpital de la Tête-de-Pont, Wittenberg.*

Doras, Jean, Heuilley-sur-Saône (Côte-d'Or), 6e cuirassiers, 1er esc. *Hôpital de la Tête-de-Pont, Wittenberg.*

Desormeau, Alex., St-Jacques (Charente-Inférieure), 34e ligne, 2e b., 5 c. *Hôpital du bastion Danois Wittenberg.*

Ducreux, J., Vallée (Loire), 83e ligne, 1er b., 2e c. *Hôpital du bastion Danois, Wittenberg.*

Dubacq, Albin-Jos., Hemevillers (Oise), 4e ligne, 2e b., 6e c. *Hôpital, maison Gast, Wittenberg.*

Delahaye, Eugène, St-Blimont (Somme), 26e ligne, 1er b., 4e c. *Hôpital, maison Gast, Wittenberg.*

Dagoney, Eugène, St-Gondon (Loiret), 25e ligne, 3e b., 2e c. *Hôpital, maison Gast, Wittenberg.*

Ducastel, Charles-Jean, Montalard. canton de Creil (Oise). 61e ligne, dyssenterie. *Posen.* † le 26 Sep.

Dombrat, Jos.-Aug., 8e artill., typhus. *Mayence.* † le 7 Octobre.

Dion, Joachim, 11e ligne 2e c., dyssenterie *Erfurt.* † le 27 Septembre.

Daubert, François, 94e ligne, typhus. *Erfurt.* † le 4 Octobre.

Dunais, Jean, 66e ligne, 4e c. *Hôpital de réserve 3, Hanovre.*

Danis, Cyprien, 67e ligne, 4e c. *Hôpital de réserve 3, Hanovre.*

Durau ou **Duran**, Léon Montréville, chass. à pied. *Hôpital de réserve, Leipzig.*

Dapremont, Emile, Rethel, 68e ligne, 1re c. *Hôpital de réserve Leipzig.*

Debrosse, Joseph. Creuzot. 13e ligne, 1er b., 4e c.. blessé au bras gauche. *Saarlouis (Wallerfangen).*

Dussaigne, Guill. St-Sumenc 70e ligne, 1er b, 4e c., coup de feu à l'épaule gauche. *Saarlouis (Wallerfangen).*

Durand, Louis, 36e ligne, 3e c., caporal *Hôpital de réserve 3 Hanovre.*

Detente, Julien garde mobile, 4e c *Hôpital de réserve 3, Hanovre.*

Delavit, Antoine, 4e ligne, 4e c., caporal. *Hôpital de réserve 3 Hanovre.*

Dubois, Jean-Baptiste, 20e ligne, 2e c. *Hôpital de réserve 3 Hanovre.*

Dupont, Elie, Mont-Bernachon, 68e ligne, 1re c. *Hôpital de réserve 1. Leipzig.*

Despuy, Guill., St-Joie-de-Lauge, 4e lanciers, 2e esc. *Hôpital de réserve 1. Leipzig.*

Defait, Antoine, 40e ligne. 5e c. *Hôpital de réserve 3, Hanovre.*

Dechiron, Emile. 40e ligne, 1re c. *Hôpital de réserve 3, Hanovre.*

Demapa, Pierre, 70e ligne, 5e c. *Hôpital de réserve 3, Hanovre.*

Decamps, Antoine, 17e ligne, 2e c. *Hôpital de réserve 3 Hanovre.*

Daniel, Gilbert 91e ligne, 3e c , caporal. *Hôpital de réserve 3, Hanovre.*

Delais, Jean, 20e ligne, 4e c. *Hôpital de réserve 3 Hanovre.*

Delpech, Louis, 77e ligne, 2e c. *Hôpital de réserve 3, Hanovre.*

Delome, François, 74e ligne, 2e c. *Hôpital de réserve 3 Hanovre.*

Donnat, Jean Marie, 74e ligne, 2e c. *Hôpital de réserve 3, Hanovre*

Daune, Dominique, 10e chass. à pied, 1re c. *Hôpital de réserve 3, Hanovre*

Dubois, Pierre 3e chass. à pied, 2e c. *Hôpital de réserve 3, Hanovre.*

Delacour, Louis, Metz, 7e ligne, 4e c. *Hôpital militaire, Spandau.*

Dromer, Jean-Baptiste, Loury-l'Abbaye, 21e ligne, 5e c. *Hôpital militaire, Spandau.*

Dufour, Armand, l'Abbaye, 96e ligne 3e c. *Hôpital militaire, Spandau.*

Dupé, Alexis, Nantes, 20e chass. à pied. *Hôpital militaire, Spandau.*

Despagnes, Adolphe. 21e ligne, 5e c. *Hôpital militaire, Spandau.*

Douat, Edmond, Rouen, 20e ligne, 2e c , caporal. *Hôpital militaire, Spandau.*

Doremus, Ach.-Jos., Marcq, 8e artill.. 4e batt., maréchal-des-logis. *Hôpital militaire, Spandau.*

Debaho, Pierre, Remenoville, 58e ligne, 4e c. *Hôpital militaire, Spandau.*

Defay, Claude, Boussès, 58e ligne, 3e c. *Hôpital militaire, Spandau.*

Daire, Léon, 8e ligne, 2e c. *Hôpital de réserve 3, Hanovre.*

Desaleux François, Ahullier, 3e génie, 11e c. *Hôpital militaire Spandau.*

Declarnes, Louis, 1er ligne, 4e c. *Hôpital militaire, Spandau.*

Dulac, Jean-Pierre, Montcosse 8e ligne, 1re c. *Hôpital militaire, Spandau.*

Dellayer, Jean, Doucharase. 14e artill., 12e batt. *Hôpital militaire Spandau.*

Depeyse, Ernest, Château-Thierry, 21e ligne, 6e c. *Hôpital militaire, Spandau.*

Delmont, Pierre, 13e ligne 6e c. *Hôpital de réserve 3, Hanovre.*

Douant, Aimé-François, 50e ligne, 2e c. *Hôpital de réserve 3, Hanovre.*

Dulhom, François-Victor, 50e ligne, 4e c., caporal. *Hôpital de réserve 3, Hanovre.*

Decorps, Emile, 50e ligne, 5e c. *Hôpital de réserve 3. Hanovre.*

Drévon Antoine, 40e ligne, 6e c., sergent. *Hôpital de réserve 3, Hanovre.*

Djillali ben Aissa, 1er turcos, 6e c. *Hôpital de réserve 3, Hanovre.*

Deiseiri, Balthasar. 56e ligne, 4e c. *Hôpital militaire 3, Hanovre.*

Dixmier, Jean, 50e ligne, 6e c. *Hôpital militaire 3, Hanovre.*

Déloge, Ferdinand, 57e ligne, 3e c. *Hôpital militaire 3, Hanovre.*

Dever, Amand, 1er ligne, 6e c. *Hôpital de réserve 3, Hanovre.*

Danion, François 62e ligne, 2e c. *Hôpital militaire de réserve 3, Hanovre.*

Daniol, Jean, 36e ligne, 3e c. *Hôpital de réserve 3, Hanovre.*

Delliau, Joseph, Clohars (Finistère), 33e lig., 1er b., 6e c., coup de feu au cou. *Mannheim (Seilerbahn).*

Ducosse, Louis, Vaudancourt (Oise), 9e ligne, 3e b., 4e c., blessé à la main gauche. *Mannheim (Seilerbahn)*.

Duhamel, Charles, Rouen, 63e ligne, 1er b., 6e c., amputé d'une jambe. *Mannheim (Seilerbahn)*.

Durand, Michel, Meurait (Cantal), 61e ligne, 2e b., 6e c., sergent, blessé à la main. *Mannheim (Seilerbahn)*.

Danke, Marie, Cleguérec (Morbihan), 54e ligne, 2e c., coup de feu à la jambe. *Baraques, Mannheim*.

Désarmenien, Louis, St-Maurice (Puy-de-Dôme), 9e artill., 9e batt., coup de feu au pied droit. *Baraques, Mannheim*.

Deveaux, Evariste, St-Paul (Drôme), 74e ligne, 1er b., 1re c., coup de feu aux deux jambes (amputé). *Baraques. Mannheim*.

Dietrich, Jacques, Biswiller (Bas-Rbin), 2e zouaves, 2e b., 6e c., bl. à la tête. *Baraques, Mannheim*

Dornat, Camille, Saint-Jean-d'Angely, 33e ligne, 1er b., 1re c., blessé à la tête. *Baraques, Mannheim*.

Durantin, Jean, Moulins (Allier), 50e ligne, 1er b., 1re c., coup de feu à la cuisse gauche. *Baraques, Mannheim*.

Dubois, Alphonse, Duisans (Pas-de-Calais), 2e zouaves, 6e c., coup de feu à la jambe. *Baraques, Mannheim*.

Dourlette, E., La Rochelle, 72e ligne. Evacué sur *Ingolstadt*.

Danton, P.-François, Roisoté, 47e, blessé. Evacué sur *Ingolstadt*.

Dorchis, H., Ascq (Nord), 6e ligne, blessé. Evacué sur *Ingolstadt*.

Deyherassary J.-B., 67e ligne, 6e c. *Hôpital de réserve 3, Hanovre*.

Dorlet, Joseph, 47e ligne, 4e c. *Hopital de réserve 3, Hanovre*.

Delacour, Cyrille, 65e ligne, 3e b., 1re c. *Baraques Brême*.

Doinau, Henri 54e ligne, 2e b., 2e c. *Baraques, Brême*.

Degez, François-Jos., Arras, 34e ligne. *Hopital de réserve, Meiningen*.

Denis, Jean-Marie, Chosné (Ille et-Vilaine), 61e ligne, blessé à la poitrine. *Hop. de rés., Meiningen*.

Darmagnac, Jean, Poulens (Landes), 17e lig., coup de feu à la cuisse droite. *Hop. de rés., Meiningen*

Dinec, François, 67e ligne, 3e b., 1re c., sergent *Baraques, Brême*.

Ducarue, Hippolyte, 71e ligne, 2e b., 2e c. *Baraques, Brême*.

Dabosse, F., 8e artill., 5e b. *Baraques, Brême*.

Douillard, Pierre-François, 93e ligne 3e b., 4e c. *Baraques, Brême*.

Devigne, Pierre 23e ligne. *Maison de santé, Brême*.

Dupont, Const., 14e ligne, 4e b., 4e c. Guéri et évacué sur *Posen*.

Dauenhauser, Jacques, Rohrbach (Moselle), 66e ligne, 2e b., 4e c., coup de feu à la cuisse. *Hopital de la gare, Mannheim*.

Duclosel, George, Paris, état-major, capitaine, coup de feu au talon. *Administration des Domaines, Mannheim*.

Desamber, G.-C., Sarrebourg, 1er zouaves, 4e b., 5e c., caporal, dyssenterie. *Administration des Domaines, Mannheim*.

Daume, Dominique, 10e chass. à pied, 1re c. *Hôpital de réserve 1, Frncf.-s/M*.

Delory, César-L.-J., 21e ligne, 1er b., 1re c. Evacué sur *Cosel*.

Désmonts Anatole, 2e ligne. 3e b., sergent. Evacué sur *Cosel*.

Dieudonné, Lucien, Harville (Vosges), 1er train. *Hopital de réserve, Benrath*.

Denis, Théodore, Tanzac (Charente-Inférieure), 30e ligne, 4e c. *Hôpital de réserve, Benrath*.

Duigout, Louis, Roudouallec (Morbihan). 65e ligne 2e c. *Hopital de réserve, Benrath*.

Delpoute, J.-B., Fremaré, 3e cuirassiers. *Hopital de réserve, Schwetzingen*.

Dubray, Jean, Erasach, 98e ligne. *Hopital de réserve, Schwetzingen*.

Durand, Martin, Murat, 61e ligne, coup de feu à la main droite. *Hopital de réserve, Schwetzingen*.

Ducos, Arthur, Gusons, 89e ligne, coup de feu au bras gauche. *Hopital de réserve, Schwetzingen*.

Domu, Lionel, Davernel, 28e ligne, guéri. *Hopital de réserve, Schwetzingen*.

Domer, L., Daverne, 28e ligne, guéri. *Hopital de réserve, Schwetzingen*.

Dubarre, Auguste, Lille, 43e ligne, guéri. *Hopital de rés rve, Schwetzingen*.

Duchet, Louis, Romregno, 25e ligne, coup de feu au coude. *Hopital de réserve, Schwezingen*.

Desmot, Jean St-Michel, 43e ligne. *Hopital de réserve, Schwetzingen*.

Davisseau, Jean, 7e chasseurs, typhus. † le 6 Octobre à *Erfurt*.

Dulin, Lille, 47e de ligne, blessé. Evacué sur *Francfort*.

Debry, Louis, 18e de ligne, *Hôpital de réserve III, Leipzig*.

Dubois, Désiré (Nord), 49e ligne, typhus. † le 8 Octobre à *Wesel.*

Dupin, Jean, Estang, 29e ligne. typhus. † le 5 Octobre à *Posen.*

Duportaix, Baptiste, 7e d'artill., typhus. † le 6 Octobre à *Minden.*

Denault, Jules, 3e génie, typhus. † le 11 Octobre à *Minden.*

Dauris, Durand, 94e ligne, aliénation mentale. † le 14 Octobre à *Minden.*

Delombre, Pierre, 18e ligne, 4e b., 4e c., typhus. † le 9 Octobre à *Carthausen.*

Dupé, Alexis, 20e chasseurs à pied. 7e c., typhus. † le 11 Octobre à *Spandau.*

Dumont, Alphonse, 3e infanterie de marine, caporal, typhus. † le 10 Octobre à *Erfurt.*

Dardé, Baptiste, Andouque (Tarn), 52e ligne, dyssenterie. † le 12 Octobre à *Posen.*

Durand, Auguste, 19e chasseurs à pied, dyssenterie. † le 13 Octobre à *Mayence.*

Desperies, Jean, Halbas (Landes), 17e ligne, 2e b., typhus. † le 10 Octobre à *Wesel.*

Derny, Albert, 7e lanciers, brigadier, amputé de la cuisse. † le 1er Octobre à *Givonne.*

Deboussé, Fr., Meppes (Allier), 61e ligne, 2e b., 2e c., coup de feu au pied. *Hop. de réserve, Zittau.*

Danois, P.-Alfred, Paris, 11e ligne, 1er b., 4e c., coup de feu au pied. *Hopital de réserve, Zittau.*

Deruelle, L.-H.-J., Annezin (Pas-de-Calais), 8e artill. monté. *Hopital de réserve, Zittau.*

Durant, Pierre, 19e artill. monté. *Hopital de réserve, Brieg.*

Dubois, Jean, Rieux (Nord), 81e ligne, 2e b., 4e c., coup de feu à la cuisse droite. *Hopital de réserve, Zittau.*

Dremeur, Nicolas, Notret (Côtes-du-Nord), 37e ligne, 2e b., 3e c., coup de feu à l'épaule. *Hopital de réserve, Zittau.*

Duprat, Meillon (Landes), 67e ligne, 2e b., 3e c., coup de feu à l'épaule. *Hôpital de réserve, Zittau.*

Dijou, Maurice, Bourget (Savoie), 70e ligne, 1er b., 6e c., trois coups de feu. *Hopital de réserve, Zittau.*

Dulceau, Jean, Bordeaux, 46e ligne, 2e b., sergent, coup de feu au pied. *Hopital de réserve, Zittau.*

Dussaigne, Guillaume, 70e ligne, 4e c. Evacué sur *Coblence.*

Doures, Gilbert, 58e ligne, 1re c. *Hopital de réserve, Altenbourg.*

Douce, Auguste, Martigny, 10e artill. *Hôpital de réserve, Altenbourg.*

Delandais, J.-F., 18e ligne, 2e c. *Hopital de réserve, Dessau.*

During, Louis, 50e ligne, 2e c. *Hopital de réserve, Dessau.*

Delorme, Jos., 78e ligne, 7e c. *Hopital de réserve, Dessau.*

Desch, Aloys, 13e ligne, sect. H. R. *Hôpital de réserve, Dessau.*

Diou, Baptiste. 5e artillerie, 3e c., maréchal-des-logis. *Hopital de réserve, Dessau.*

Durif, J.-Ant.. 5e artill., sect. H. R. *Hôpital de réserve, Dessau.*

Deleau, Jean-Baptiste, 16e artill., 14e batt., sous-officier. *Hôpital de réserve, Dessau.*

Dogoumot, Prosper, 73e ligne, 2e c., coup de feu au pied. † le 26 Août à *Mars-la-Tour.*

Drut, Léon (Deux-Sèvres), 80e ligne, 3e b., 3e c., coup de feu à la jambe. *Idar-s/Nahe.*

Delbrey, Joseph, Cabrelin, 21e ligne, 1er b., 2e c.. coup de feu à la jambe. *Hôpital de réserve, Zittau.*

Demange, André, Grosbliederschdorf (Moselle), 47e ligne, 2e b., 1re c., coup de feu à la jambe. *Hôpital de réserve, Zittau.*

Deydier, Frédéric (Ardèche), 16e chasseurs à pied, 1re c, fracture de jambe. *Hôpital de réserve, Zittau.*

Daulay, Gustave, 2e zouaves, 1er b., 5e c. Evacué sur *Minden.*

Dampierre (de), Gérard, Casère-sur-le-Doubs, 7e lanciers, sous-lieutenant, fièvre gastrique. *Hopital civil à Darmstadt.*

Daudin, Louis, Chire, 94e ligne. 4e b., 3e c., caporal, dyssenterie. Evacué sur *Hanovre.*

Djejelli Mahomed, Orléansville, 1er turcos, 3e b., 3e c., coup de feu au bras droit. Evacué sur *Hanovre.*

Dillezay, Eugène, Chef-Boutonne, 1er ligne, coup de feu à la cuisse droite. *Fabrique Heyl, Worms.*

Destabeau, Etienne, St-Paul-de-Dax (Landes), 8e ligne, 1er b., coup de feu à la cuisse droite. *Hop. 1, Worms.*

Dumartin, Jean, Montfort, 66e ligne, coup de feu à la poitrine. *Caserne neuve, Offenbach.*

Durand, Ernest, Le Touvet (Isère), 93e ligne, caporal. *Ambulance, Corny*, † le 28 Août.

Desages, Charles, St Etienne, 17e ligne. 3e b., 4e c., guéri. *Hôpital de réserve, Zittau.*

Dunac, Clément, Ariège, 86e ligne, 3e b., 6e c., coup de feu à la cuisse gauche. *Hopital de réserve, Zittau.*

Douchez, Adolphe-Pierre, (Nord), 61e ligne, 2e b., 1re c., coup de feu à la cuisse gauche. *Hopital de réserve, Zittau.*

Dutrey, Jean, Gourdon, 2e hussards. *Hopital de réserve 1, Francfort-sur-le-Mein.*
Didier, Auguste, Grandville, 4e ligne, *Hopital de réserve 1, Francfort-sur-le-Mein.*
Dornberger, Emile, 59e ligne, 5e c., coup de feu à la cuisse droite. *Ambulance des Etangs, Francfort-sur-le-Mein.*
Duvian. Section infirmiers. *Ambulance de Boulay.*
Daniel, Jean, 36e ligne. 3e c., *Evacué sur Hanovre.*
Dubois, Pierre, 3e chass. à pied. *Evacué sur Hanovre.*
Derose Alexandre, 10e chass. à pied, 3e c., sergent-fourrier. *Evacué sur Mayence.*
Durand, Louis, 36e ligne, 3e c. *Evacué sur Hanovre.*
Delpech, Louis, 77e ligne, 2e c. *Evacué sur Hanovre.*
Delingette, Robert, Grancey, 68e ligne, 5e c. *Hopital de réserve 1, Francfort-sur-le-Mein.*
Dauvon ou **Dovaun**, Evar., St-Paul, 74e ligne, amputé des 2 jambes. *Hop. de rés.. Schwetzingen.*
Durr, 63e ligne. *Cœslin.*
Dolydon, 50e ligne. *Cœslin.*
Dascalis, 7e ligne. *Cœslin.*
Doumeyron, 1er génie. *Cœslin.*
Ducardonnes 10e ligne. *Cœslin.*
Dettel, 10e chass. à pied. *Cœslin.*
Derron, 2e chass. à pied, caporal. *Cœslin.*
Dubs, Antoine, Hundsbach, 20e artill., 4e batt., coup de feu à la cuisse gauche. *Hopital de réserve 3, Leipzig.*
Djel-Ali, turcos. *Hopital de la gare, Carlsruhe.*
Durand, E., Martys (Aude), artillerie, blessé. *Hopital de la gare, Carlsruhe.*
Durmclat, Vizille (Isère). (?), clairon, blessé. *Hopital de la gare, Carlsruhe.*
Dreyfuss, G., Bischwiller, 3e gardes mobiles. *Chez le libraire Bilefeldt, Carlsruhe.*
Deyez, Franç.-Jos , Arras, 34e ligne, dyssenterie. *Hopital de réserve, Meiningen.*
Du Lac, François, Roanne, 87e ligne, 6e c., coup de feu à la jambe gauche. *Hopital de réserve 3, Leipzig.*
Denoit, Joseph, Lorient, 48e ligne, 6e c., coup de feu à la cuisse gauche. *Hôpital de réserve 3, Leipzig.*
Dalot, Augustin, Ramberville, 5e artill., 3e batt., coup de feu à la cuisse gauche. *Hôpital de réserve 3, Leipzig.*
Dapermont, Jean-L., Algérie, 1er zouaves, 1re c. *Hopital de réserve 2, Leipzig.*
Duc, Gustave, 24e ligne, 1re c. *Hôpital de réserve, Butzow.*
Derie, Jean-Bapt., (?) *Evacué sur Hanovre.*
Durand, Joseph, 40e ligne, 5e c., caporal. *Evacué sur Hanovre.*
Deu, Auguste, St-Gaudens (H.-Gar.), 4e chass. à cheval, 3e esc., coup de feu à la cuisse droite. *Evacué sur Hanovre.*
Dubois, Jean Montigny (Mayenne), 17e chass. à pied, coup de feu au doigt. *Evacué sur Hanovre.*

Erwein, G., Romanswiller (Bas-Rhin), 2e train, 9e c., *Hopital du Bastion Danois, Wittenberg.*
Evenot, J.-M., Loutudade (Morbihan), 6e chass., 2e c. *Hopital du Bastion Danois, Wittenberg.*
Esclavon, Jules, Maubeuge (Nord), 1er Inf. de marine, 1er b., 6e c., typhus. *Neisse,* † le 3 Octobre.
Ervenard, Mathurin, Vannes, 50e ligne, 6e c. *Hopital militaire, Spandau.*
Ernst, André, Ernolsheim, 58e ligne, 6e c. *Hôpital militaire, Spandau.*
Etchegaray, Pierre, 19e chass. à pied, 3e c., caporal. *Hôpital de réserve 3, Hanovre.*
Elissalde, Pierre, 1er zouaves, 6e c. *Hopital de réserve 3, Hanovre.*
Elumbrand Pierre, 67e ligne, 6e c. *Hopital de réserve 3, Hanovre.*
Ennet, Léon, St-Simon (Aisne), 33e ligne, 3e b., 3e c., coup de feu au cou. *Baraques, Mannheim.*
El-orbi-ben-Taïba, 1er turcos, blessé. Evacué sur *Ingolstadt.*
Etienne, Guill., 65e ligne, 1er b., 1re c. *Baraques, Brême.*
Escudier, Auguste, Mazamet (Tarn), 86e ligne, blessé. *Hôpital de réserve, Meiningen.*
Etourneaud, Jean, 94e ligne, 2e b., 3e c. *Baraques, Brême.*
Ernez Jules, 4e gardes mobiles, 6e c., caporal. Guéri et évacué sur *Posen.*

Ellus, Charles, 88e ligne, 1er b., 1re c. *Offenbach.*

Edouard, Georges, 49e ligne, 3e b., 2e c. Evacué sur *Cosel.*

Estre (de L'), Louis, Long Mesnil (Seine-Inf.) 7e ligne, 1er b. *Hopital de réserve, Benrath.*

Esquillier, Aug., (Tarn), 86e ligne, 3e b., coup de feu à la cuisse. *Hopital de réserve, Benrath.*

Eck, César-J.-A.. 33e ligne, 2e c. coup de feu au coude gauche. *Ambulance, Givonne,* † le 10 Sept.

Ehry, Jean, 75e ligne, 1er b., coup de feu à l'épaule. *Ars-sur-Moselle,* † le 17 Octobre.

Erth, Joseph, Paris, 68e ligne, 3e b., 1re c.. coup de feu au ventre. *Hopital de réserve, Zittau.*

Escolfier, Joseph, Gallous (Haute-Saône), 3e cuirass., 4e esc., blessé à la jambe gauche. *Hopital de réserve, Zittau.*

Erbet, Ch., Amiens, 26e ligne, convalescent. *Hopital de réserve Schwetzingen.*

Escarien Lubersac, 87e ligne. *Hôpital militaire, Carlsruhe.*

Egalité, Antoine, 57e ligne. *Hopital militaire, Potsdam.*

Egloff, O., 40e ligne, 3e b., 1re c. Evacué sur *Hanovre.*

Escarieu, Lubaria, 87e ligne. Evacué sur *Ingolstadt.*

Franc, Camille, 10e chass. à pied, 3e c. *Hopital de réserve 3, Hanovre.*

Felsinger, Joseph, 40e ligne, 1re c. *Hopital de réserve 3, Hanovre.*

Fourgs, Bernard, 24e ligne, 4e c. *Hanovre,* évacué sur *Magdebourg.*

Fenouil Jean-Pierre, 40e ligne, 3e c. *Hôpital de réserve 3, Hanovre.*

Fémy, Joseph, 24e ligne, 4e c. *Hôpital de réserve 3, Hanovre.*

Favre, Aug-Fr., St-Béron (Savoie). 3e cuirass. *Caserne, Wittenberg.*

François, J.-B., Larsicourt (Marne), 83e ligne, 1er b., 6e c. *Hopital du Bastion Danois, Wittenberg.*

Failly, Stanislas, Lunéville (Meurthe), 57e ligne 2e b., 5e c. *Hopital du Bastion Danois, Wittenberg.*

Fanjaux, J.-P., Laroque-d'orme (Ariège), 2e génie, 1er b., 4e c., sergent, dyssenterie. *Hopital de la Tête du pont, Wittenberg.*

Farlay, G., Fontanès (Loire), 83e ligne, 1er b.. 5e c *Hopital du Bastion Danois. Wittenberg.*

Forrey, Ambr., Caisson (Ardèche), 89e ligne, 2e b., 6e c. *Hopital du Bastion Danois, Wittenberg.*

Fardreux, Jean, Chasseneuil (Charente), 34e ligne, 3e b., 2e c. *Hopital du Bastion Danois, Wittenberg,*

Fabert, J.-P., Porcelette (Moselle), 61e ligne, 1er b., 5e c. *Hopital du Bastion Danois, Wittenberg.*

Fauxpoint, E.-Ph., Elbeuf (rue de Rouen, 15), 34e ligne, 3e b., 5e c. *Hopital de la Tête du pont. Wittenberg.*

Ferron, Désiré, 1er ligne, 1re c. *Hôpital de réserve 3, Hanovre.*

Fournier, Jean-Bapt., Coussamin, 68e ligne, 1re c., dyssenterie. *Hôpital de réserve 1, Leipzig.*

Friedrich. Henri, 11e ligne, 2e c., caporal. *Hopital de réserve 3, Hanovre.*

Fredon, Constant., 2e zouaves. *Hopital de réserve 3, Hanovre.*

Ferret, Marie-Joseph, Gautière, 47e ligne, 1re c., coup de feu à la cuisse droite. *Hopital de réserve 1. Leipzig.*

Fontaines, J.-B., Billom, 83e ligne, 4e c., dyssenterie. *Hopital de réserve 1, Leipzig.*

Fôle, Jean, Treny, 68e ligne, 2e c.. dyssenterie. *Hop'tal de réserve 1, Leipzig.*

France, Jos.. 1er zouaves, 1er b., 3e c. *Hôpital de réserve 3, Hanovre.*

Falco, Jean-Victor, 76e ligne, 5e c. *Hopital de réserve 3, Hanovre.*

Férus, André, Chautpol, 58e ligne, 2e c. *Hopital militaire, Spandau.*

Fremblé, Alex.. Framboisière, 20e ligne, 5e c. *Hopital militaire, Spandau.*

Ferou, Paul, Nouvion et Catillon, 68e ligne, 2e c. *Hopital militaire, Spandau.*

Fassy, Jules, Oran, 8e chass. à cheval, brigad. *Hôpital militaire, Spandau.*

Frenoy, Augustin, Beney. 8e artill., 4e batt. *Hôpital militaire, Spandau.*

Favre, Eugène, Daucr, 58e ligne, 5e c. *Hopital militaire, Spandau.*

Frank, Jean, 36e ligne, 1re c. *Hopital de réserve 3, Hanovre.*

Fischan, Guill., 64e ligne, 6e c. *Hôpital de réserve 3, Hanovre.*

Ferquel, Nicolas, 91e ligne, 5e c., caporal. *Hopital de réserve 3, Hanovre.*

Fivardier, Armand, 50e ligne, 6e c. *Hopital de réserve 3, Hanovre.*

Festard, Jean, 74e ligne, 2e c., caporal. *Hopital de réserve 3, Hanovre.*

Flibon, François, 4e chass. à pied, 6e c. *Hopital de réserve 3, Hanovre.*

François, François, Denier (P.-de-Cal.), 57e ligne, 2e b., 2e c., coup de feu à la jambe droite. *Seilerbahn, Mannheim.*

Fischer, Aloys, Tommdorf (Bas-Rhin), 51e ligne, 1er b., 3e c., coup de feu à la jambe gauche. *Baraques Mannheim.*

Forst. Jean, ? (Corrèze), 6e chass. à pied, 3e c., coup de feu au pied. *Baraques, Mannheim.*

Foulfain, Merlac (Nord), 64e ligne. 2e b , coup de feu au pied. *Baraques, Mannheim.*

Ferrier, B., 2e zouaves, clairon, blessé. *Carlsruhe,* † le 29 Septembre.

Falquet, François-Félix, 7e hussards, 5e c. *Baraques, Brême.*

Ferré, Joseph, Moulis (Ariège), 17e ligne, blessé à la poitrine. *Hopital de réserve, Meiningen.*

Favier, Louis, 86e ligne 1er b.. 2e c. *Baraques, Brême.*

Fauchon, Joseph, 56e ligne. 1er b., 2e c. *Baraques, Brême.*

Firtion, Joseph, 24e ligne, 6e c. Guéri et évacué sur *Posen.*

Floury, Ivon, 11e ligne, 3e c., typhus. *Erfurt,* † le 6 Octobre.

Féger, Georges, 3e zouaves, 3e b., 1re c. *Caserne K. F.. Berlin.*

Fontaine. J., 45e ligne, 1er b., 6e c. Guéri et évacué sur *Posen.*

Florentin, Ernest. 3e gardes mobiles, 4e c. Guéri et évacué sur *Posen.*

Floquet, Joseph, 3e gardes mobiles, artill., 3e batt. Guéri et évacué sur *Posen.*

Feuillerat, Benoît, Toulouse, 3e zouaves, 2e b., 1re c., amputé d'une jambe. *Ambulance holland., Mannheim.*

Fouquet, Jacques, Mail (Sèvres). 50e ligne. 2e b.. 6e c.. coup de feu au bras. *Ambulance holland., Mannheim.*

Farges. Antoine. Ussel (Corrèze), 62e ligne, 1er b., contusion à la poitrine. *Hopital de rés., Benrath.*

Fort, Jean, Lussac, 47e ligne. amputé de la cuisse droite. *Hopital de réserve Schwetzingen.*

François, H.., Morlaix. 12e ligne. *Hopital de réserve, Schwetzingen.*

Fichier, Jos.. Naulac, 91e ligne, convalescent. *Hopital de réserve, Schwetzingen.*

Fonteney, Léon-Eug., Montpinchon, 63e ligne, typhus. *Posen,* † le 4 Octobre.

Faugères, Jean, Casteljaloux (Lot-et-Gar.), 87e ligne, Anémie. *Cosel,* † le 12 Octobre.

Fournier, Antoine, 27e ligne, 1er b.. 5e c., typhus. *Erfurt,* † le 10 Octobre.

Foris. Louis, 1er génie. dyssenterie. *Erfurt,* † le 10 Octobre.

Fervaque, Louis, 1er inf. de marine, typhus. *Mayence,* † le 13 Octobre.

Fargeaud, François, 52e ligne, 2e c., maréch.-des-logis, amputé de la cuisse gauche. *Givonne.* † le 7 Septembre.

Faugère, Jean, Soulaures (Dordogne), train d'artill. Evacué sur *Mannheim.*

Fournie, F., 2e zouaves, Evacué sur *Ingolstadt.*

Fager, François, Bonneval (Tarn). 67e ligne, 1er b., 6e c., coup de feu à l'épaule gauche. *Hopital de réserve, Zittau.*

Fabre, Dom., Ch.-Renard (Bouches-du-Rhône). 2e artill., 9e batt., contusion à la jambe droite. *Hopital de réserve, Zittau.*

Fromentier, Isidore, 5e chass. à pied, coup de feu à la cuisse droite. *Ars-sur-Moselle,* † le 12 Oct.

Franchon, Jean. 28e ligne. *Hopital civil, Cologne,* † le 5 Octobre.

Frohn, Nicolas, 13e ligne, 7e c. *Hopital de réserve, Dessau.*

François, Jean-Fr., Vabourne (P.-de-C.), 86e ligne, 1er b., 3e c.. coup de feu au genou droit. *Hopital de réserve. Zittau.*

Fayot, Jos., 3e ligne. 2e b , 4e c., *Caserne Welfen, Hanovre.*

Fritot, Jules-Désiré, St-Aubas-de-Char., 9e ligne, coup de feu à la jambe g. *Ambulance de Corny,* † le 1er Octobre.

Fortno. Joseph. 12e ligne. *Ambulance des Etangs,* † le 26 Septembre.

Fischer. Nicolas, 51e ligne. *Montoy,* † le 17 Septembre.

Frause, Jean, 36e ligne, 1re c. Evacué sur *Hanovre.*

Folco, Jean-Victor, 76e ligne, 5e c. Evacué sur *Hanovre.*

Filoch, Emile-Ernest, le Hâvre, 60e ligne, 4e c. *Hopital de réserve 1, Francfort-sur-le-Mein.*

Favereaux, Pierre, 8e lanciers. 2e esc. *Hopital de réserve 1, Francfort-sur-le-Mein.*

Fougué, Jean, Melle. 50e ligne. *Hopital de réserve, Schwetzingen.*

Fassarie, 9e ligne. *Caslin,*

Falvier, André, Bischwiller, 34e ligne, 4e c.. typhus. *Hopital de réserve, Altenbourg.*

Fromentin, 7e ligne. *Caslin.*

Frohm, N., Rippwiller, Chasseurs. Evacué sur *Ingolstadt.*

Fresneau, J., Remines, 3e turcos. Evacué sur *Ingolstadt.*

Fabre, Antoine, St-Privat, Hérault, 52e ligne, 4e c., caporal. *Dépôt des prison., Leipzig.*

Fahrer, André, Bischwiller, 34e ligne, 4e c., typhus. *Altenbourg,* † le 21 Octobre.

Flaghai, Robert, Ch.-de-Flaghai, (H.-Loire), 6e chass. à cheval, 6e esc. *Hopital de réserve, Benrath.*

Fouet, D.-J.-B., Paris, 47e ligne 3e b., 3e c., contusion à la poitrine. *Hopital de réserve, Zittau.*

Gaurel, Jean, 2e ligne, 2e c. *Hôpital de réserve 3, Hanovre.*

Gasser, Antoine, 40e ligne, 2e c. *Hanovre.* Evacué sur *Minden.*

Guyomarch, Yves, 40e ligne, 3e c. *Hanovre.* Évavué sur *Magdebourg.*

Granjean, Jules, 24e ligne, 2e c. *Hôpital de réserve 3, Hanovre.*

Guervin, Joseph, 48e ligne, 6e c. *Hanovre.* Evacué sur *Magdebourg.*

Giraud, Henri, 3e génie. *Hanovre.* Evacué sur *Magdebourg.*

Guidon, Pierre-Marie, 22e ligne, 3e c. *Hôpital de réserve 3, Hanovre.*

Genard, Alfred, 40e ligne, 5e c. *Hôpital de réserve 3, Hanovre.*

Guérin, Charles, 24e ligne, 3e c. *Hôpital de réserve 3, Hanovre.*

Guillen, Jean, 40e ligne, 4e c. *Hôpital de réserve 3, Hanovre.*

Gérard, Lucien, 2e cuir., 1er escadron, maréchal-des-logis. *Hôpital de réserve 3, Hanovre.* † de blessures.

Guymarc, Pierre, Pierruc- (Vauteville), 1er ligne, 4e c. *Hôpital de réserve, Gœrlitz.*

Glemma, Arnal, Satutali, 52e ligne, 4e c., sergent. *Hôpital de réserve, Gœrlitz.*

Giraud, Antoine, Ariège, 58e ligne, 2e c. *Hôpital militaire, Spandau.*

Grenier, Louis, Sèvres, 7e artill. *Hôpital militaire, Spandau.*

Gallet, Antoine, St-Romboy, 4e ligne, 3e c, dyssenterie. *Caserne des Pionniers, Darmstadt.*

Goux, J., Nièvre, 79e ligne, 5e c. *Caserne des Pionniers, Darmstadt.*

Georgi, Virgile, Moric de Sato (Corse), 4e ligne, 3e c. *Caserne des Pionniers, Darmstadt.*

Galant, Etienne (Aude), 3e ligne, 1e c. *Caserne des Pionniers, Darmstadt.*

Geilmont, Léon Sons près Lyon, Garde, brig. *Caserne des Pionniers, Darmstadt.*

Gauthier, Léonard, Angoulême, 3e inf. de marine, dyssenterie. *Caserne des Pionniers, Darmstadt.*

Gras, Pierre, Brugolles (Haute-Loire), 94e ligne, 1e c., gastralgie. *Elisabethstift, Darmstadt.*

Gasc, Charles, Constantine, 3e zouaves, 1er b., 5e c., lieutenant, coup de feu à la cuisse. *Hôpital Offenbach.*

Gougoult, Jules, Sédan, 1er hussards capitaine, fièvre, *Caserne des Pionniers, Darmstadt.*

Gromas, Casimir, Villers-Vermont (Oise), 10e ligne, 1er b., 6e c., coup de feu à l'épaule droite. *Caserne de Wittenberg.*

Guérin, Pierre, 10e ligne, 1er b., 5e c., tambour, coup de feu à la jambe droite. *Caserne de Wittenberg.*

Gourdou, Alphonse, Coussy-les-haies (Indre), 75e ligne, 3e b., 6e c., coup de feu à la cuisse gauche. *Caserne de Wittenberg.*

Garelli, François, Nîmes, 4e hussards, 4e esc., coup de feu au coude. *Caserne de Wittenberg.*

Geoffroy, Jean, Salles (Charente), 34e ligne, 2e b., 5e c. *Hôpital du Bastion danois, Wittenberg.*

Gauthier, Pierre, Trébœuf (Ille-et-Vil.), 61e ligne, 3e b., 6e c. *Hôpital du Bastion danois, Wittenberg.*

Guillot, J.-J., St-Georges-de-Barville, 83e ligne, 2e b., 6e c. *Hôpital du Bastion danois, Wittenberg.*

Guibert, Joseph, Galgon (Gironde), 34e ligne, 1er b., 6e c. *Hôpital du Bastion danois, Wittenberg.*

Gatris, Aug., La Chapelle (Orne), 93e ligne, 3e b., 1e c. *Hôpital du Bastion danois, Wittenberg.*

Guercin, Prosp., Thonars (B.-Alpes), 1er génie, 1er b., 3e c., dyssenterie. *Hôpital de la Tête du Pont, Wittenberg.*

Gauby, François, Bousey (Allier), 6e cuirassiers, 3e esc. *Hôpital de la Tête du Pont, Wittenberg.*

Gauthier, Jos., Nevers, 94e ligne, coup de feu au bras droit, état grave. *Hopital de la Tête du Pont, Wittenberg.*

Gergaud, Pierre, Nantes, 2e zouaves, 2e b., 4e c., blessé à la cuisse droite. *Hopital de la Tête du Pont, Wittenberg.*

Gaspard, François, 83e ligne. *Hôpital de la Tête du Pont, Wittenberg.*

Grandjean, John-Const., Bians (Doubs), 2e train d'artill., 1er esc. *Hopital de la Tête du Pont, Wittenberg.*

Guidicelli, J.-B., Zonza (Corse), 83 ligne, 2e b., 1e c., caporal. *Hôpital du Bastion danois, Wittenberg,* † le 7 Octobre.

Grasse, Charles, Montpellier, faub. de la Latte, 13, 28e ligne, 3e b., 2e c. *Hôpital de la Tête du Pont, Wittenberg*.

Gauthier, André, 4e ligne, typhus. *Carthausen*. † le 29 Septembre.

Germain, Garcin, Tremenis, (Isère), 1er lanciers, 4e esc. *Hôpital de la Tête du Pont, Wittenberg*.

Guinet, Joseph, 33e ligne, 3e c. *Hôpital de réserve 3, Hanovre*.

Grosseau, Arnold, 8e ligne, 6e c. *Hôpital de réserve 3, Hanovre*.

Geant, Manuel, 12e artill. 6e batt. *Hôpital de réserve 3, Hanovre*.

Gamondet, François-Célestin, 24e ligne, 2e c. *Hôpital de réserve 3, Hanovre*.

Galicy, Paul, 11e ligne, 2e c., sergent. *Hôpital de réserve 3, Hanovre*.

Godard, Jean-Claude, Gouvix, 79e ligne, 4e c., dyssenterie. *Hôpital de réserve 1, Leipzig*.

Gavard, Alfred, 37e ligne. *Sorau*.

Grémont, Aimé, St-Cyr, 2e ligne, 3e b., 3e c., coup de feu à l'épaule gauche. *Sarrelouis (Wallerfangen)*.

Godefroy, Aug., 57e ligne, 5e c. *Hôpital de réserve, Hanovre*.

Grandmange, Lucien, 32e ligne, 3e c., sergent-major. *Hôpital de réserve, Hanovre*.

Gaudillet, Jean, 66e ligne. *Hôpital de réserve 3, Hanovre*.

Gerfeaud, Camille, Courant, 86e ligne, 1e c., coup de feu à la cuisse droite. *Hôpital de réserve 3. Leipzig*.

Graves, Pierre, Ste-Croix-du-Mont, 30e ligne, 4e c., coup de feu au pied. *Hop. de réserve 1, Leipzig*.

Godeau, Alexandre, Joigny, 68e ligne, 5e c., rhumatisme. *Hôpital de réserve 1, Leipzig*.

Grapinet, Germ., Coupray, 68e ligne, 6e c., dyssenterie. *Hôpital de réserve 1, Leipzig*.

Garolin, Alfred, 21e ligne, 5e c. *Hôpital de réserve 3, Hanovre*.

Girondier, Pierre, 93e ligne, 4e c., caporal. *Hôpital de réserve 3, Hanovre*.

Gouvier, Pierre 10e ligne, 4e c. *Hôpital de réserve 3, Hanovre*.

Gauthier, Albert, Gien, 58e ligne, 2e c. *Hôpital militaire, Spandau*.

Gremeau, Aug., Bracoul, 68e ligne, 1e c. *Hôpital militaire, Spandau*.

Gotrou, Benoit, Bersetrin, 76e ligne. *Hôpital militaire, Spandau*.

Giraud, Antoine, Arriège, 58e ligne, 2e c. *Hôpital militaire, Spandau*.

Grenier, Louis, Sèvres, 7e artill. *Hôpital militaire, Spandau*.

Grison, Abel-Louis, Saran ou Orléans, 21e ligne, 1er c. *Hôpital militaire, Spandau*.

Granier, Charles, Faicelles, 58e ligne, 2e c. *Hôpital militaire, Spandau*.

Guillermet, Claude, Briennon, 3e train, 12e c. *Hôpital militaire, Spandau*.

Gontier, François, Ste-Marie du Colmier, 21e ligne, 6e c. *Hôpital militaire, Spandau*.

Germin, Marie, 12e ligne, 4e c. *Hôpital de réserve, 3, Hanovre*.

Gaujot, Emile, 96e ligne, 1e c. *Hôpital de réserve 3, Hanovre*.

Gabart, Jacques-Louis, Latillin, 5e lanciers, 1er esc. *Hôpital militaire, Spandau*.

Giess, Joseph, Volixheim, 8e artill. *Hôpital militaire, Spandau*.

Gerardin, Robert, 1er zouaves, 2e c., caporal. *Hôpital de réserve 3, Hanovre*.

Grandmange, Paul, 20e ligne, 5e c., sergent. *Hôpital de réserve, 3, Hanovre*.

Gauchet, Emile, 4e chass. à pied, 6e c. *Hôpital de réserve 3, Hanovre*.

Graulon, Léopold, 66e ligne, 5e c. *Hôpital de réserve 3, Hanovre*.

German, François, 3e ligne, 2e c.

Guilevit, Jean-Louis, 50e ligne, 2e c., caporal. *Hôpital de réserve 3, Hanovre*.

Garrau, Joseph, 77e ligne, 3e c. *Hôpital de réserve 3, Hanovre*.

Gavory, Joseph, Conches (Pas de Calais), 30e ligne, 3e b., 2e c., coup de feu au bras gauche. *Seilerbahn, Mannheim*.

Goursat Michel, St-Jean de Col), 65e ligne, 1er b., 4e c., sergent, coup de feu à l'épaule. *Seilerbahn, Mannheim*.

Guillot, François, Lyon, 2e ligne, 1er b., 3e c. coup de feu à la jambe. *Seilerbahn, Mannheim*.

Gayemme, Pierre, Aventville (Manche), 54e ligne, 3e b., 3e c., coup de feu au pied. *Baraques, Mannheim*.

Gambon, Jérôme, Toulouse, 1er ligne, 2e b., 3e c., caporal, coup de feu au bras. *Baraques, Mannheim*.

Glück, Antoine, Bischwiller, 64e ligne 2e b., 3e c., sergent, coup de feu au pied. *Baraques, Mannheim*.

Guérin, Firmin, Moulins-en-Gilbert (Nièvre), 50e ligne, 1er b., 3e c., amputé. *Baraques, Mannheim*.

Guenin, Charles, Paris, 74e ligne, 1er b., 6e c., caporal, coup de feu à la cuisse. *Baraques, Mannheim*.

Guitta, Jean-Pierre, Ligon, 47e ligne, 2e b., 1e c., sergent-major, coup de feu au pied. *Baraques, Mannheim*.

Grepier, Marie, Pont-à-Mousson, 12e ligne. Evacué sur *Ingolstadt*.

Grenier, L. Lombres, 54e ligne, caporal. † à *Carlsruhe*, le 21 Septembre.

Gaivallies, St-Salvi (Tarn) ? *Turnhall-Baraque, Carlsruhe.*

Girault, Edouard, 77e ligne, 2e c., sous-lieutenant. *Hopital de réserve, 3, Hanovre.*

Grenay, Antoine, 84e ligne, 2e b., 4e c. *Baraques, Brême.*

Guérin, Valentin, 9e ligne, 1er b., 1re c. *Baraques, Brême.*

Grosfillex, Désiré-Cyr., 3e drag., 4e esc. *Baraques, Brême.*

Gravieu, Simon, 3e ligne, 1er b., 3e c., sergent. *Baraques, Brême.*

Garnier, Jean, 76e ligne, 1er b., 2e c. *Baraques, Brême.*

Garric, Fréderic, Appelle (Tarn), 86e ligne, coup de feu à la jambe g. *Hôpital de réserve, Meiningen.*

Gamblain, Achille, 57e ligne, 3e b., 2e c. *Baraques, Brême.*

Garde, Martin, 96e ligne, 2e b., 1re c. *Baraques, Brême.*

Glerazec, Alfred, 2e zouaves, 1er b., 1re c. *Baraques Brême.*

Geoffroy, Isidore, 5e ligne, 1er b., 5e c. *Baraques, Brême.*

Gerenton, François, 9e chass. à pied. *Maison de santé, Brême.*

Greiner, Jul., 6e artill. 11e batt., maréchal-des-logis. Guéri et évacué sur *Posen.*

Genien, Jean-Bapt., 85e ligne, 1er b., 4e c., caporal. Guéri et évacué sur *Posen.*

Groslière, Jean-Hippolyte, 2e gardes mobiles, 6e c., caporal. Guéri et évacué sur *Posen.*

Gautier, Louis-Eug., garde-mobile artill., 2e batt. Guéri et évacué sur *Posen.*

Gommenginger, Jos., 40e ligne, blessé à la tête et perte d'un œil. *Bildstock.*

Gadries, Antoine, 72e ligne, 1er b., 5e c. *Offenbach.*

Grenier, Jean-Marie, 22e ligne, 2e b., 2e c. *Cosel.*

Guillot, Pierre-Henri, Grenoble, 2e artill., 11e batt. *Hopital de réserve, Meiningen.*

George, Aug.-Hubert Tordoult (Calvados), 1er artill. *Hopital de réserve, Benrath.*

Girault, Edouard, Nemoin, 78e ligne, 2e c., lieutenant. *Hopital de réserve 1, Francfort-sur-le-Mein.*

Garveau, Jos., Voissen, 78e ligne, 3e c. *Hôpital de réserve 1, Francfort-sur-le-Mein.*

Germain, François, Avignonet, 3e ligne, 2e c. *Hopital de réserve 1, Francfort-sur-le-Mein.*

Guillot, François, Lyon, 2e ligne, coup de feu au genou. *Hôpital de réserve, Schwetzingen.*

Gavory, Jules, Ligny-s-S., 13e ligne, blessé. *Hôpital de réserve, Schweztingen.*

Gaspard, Chr., Foix, 66e ligne, amputé de l'avant-bras. *Hôpital de réserve, Schwetzingen.*

Gondollière, Antoine, Vaugneray, 98e ligne, convalescent. *Hôpital de réserve, Schwetzingen.*

Gaberville, Léop., Méral, 29e ligne, convalescent. *Hôpital de réserve, Schwetzingen.*

Guemené, Diemenant, 4e cuirass., convalescent. *Hôpital de réserve, Schwetzingen.*

Guelard, Aug., La Verrière, 98e ligne, coup de feu à la cuisse. *Hôpital de réserve, Schwetzingen.*

Gayard, Jean, Aigueperse, 98e ligne. *Hôpital de réserve, Schwetzingen.*

Grafenille, Charles, Paris, 98e ligne, convalescent. *Hopital de réserve, Schwetzingen.*

Grosjean, Alex., Callas, 66e ligne, convalescent. *Hopital de réserve, Schwetzingen.*

Gallay, Benoît, Varennes, 18e ligne, 2e b., 4e c., sergent, typhus. *Glogau*, † le 9 Octobre.

Guille, Jean, (Morbihan), 14e ligne, pet.-vér. *Posen*, † le 29 Septembre.

Ghering, Jean, 2e inf. de marine, 3e b., 4e c., typhus. *Coblence*, † le 4 Octobre.

Guillard, Henry, 1er zouaves, 4e b., 2e c., typhus. *Carthausen*, † le 6 Octobre.

Gérard, François, 4e inf. de marine, typhus. *Carthausen*, † le 9 Octobre.

Gillet, Jos., 3e inf. de marine, dyssenterie. *Mayence.* † le 12 Octobre.

Guesel, V.-N.-C., 37e ligne, sergent-major, typhus. *Glogau*, † le 13 Octobre.

Greussard, Bazile, 83e ligne, typhus. *Erfurt*, † le 10 Octobre.

Gourfied, François, Leganchac (Corrèze), 82e ligne, typhus. *Posen*, † le 9 Octobre.

Girondon, Antoine, Orval (Cher), 12e ligne, 2e b., typhus. *Wesel*, † le 9 Octobre.

Giraudon, Henri-Zach., 65e ligne, coup de feu à la cuisse droite. *Givonne*, † le 8 Septembre.

Goursat, Lucien, Thiviers (Dordogne), 65e ligne, 1er b., 4e c., sergent-fourrier, coup de feu au bras gauche. *Maison de santé, Mannheim.*

Gressant, Adr.-Alph., N. D. d'Alliemen (Seine-Inf.), 1er cuirass., 4e esc., contusion au coude gauche. *Hopital de réserve, Zittau.*

Grillon, Jos., Chily (Haute-Savoie), 21e ligne, 3e b., 5e c. *Hopital de réserve, Zittau.*

Gross, Aug., Thoiry, 34e ligne, 1re c. *Hopital de réserve, Altenbourg.*

Grippat, Jean, La Tour-du-Pin (Isère), 61e ligne, 1er b., 4e c., coup de feu aux cuisses. *Hopital de réserve, Zittau.*

Gilles, Anselme, Beranger (Seine-Inf.), 46e ligne, sect. H.-R.. sapeur, coup de feu à la cuisse droite. *Hopital de réserve, Zittau.*

Gérard. Jean-Jos., 35e ligne, 1re c. coup de feu à l'épaule gauche. *Ars-sur-Moselle,* † le 17 Octobre.

Gouy, François, Sostorff (Meurthe), 68e ligne, 1er b., 1re c., blessé par un éclat de grenade. *Caserne neuve, Offenbach.*

Giacobini. Pierre, Ampriani (Corse), 2e ligne. blessé à l'oreille droite. *Ambulance. Bingen.*

Gabriel. Antoine Eglingen, (Bas-Rhin), 70e ligne, 2e b., coup de feu aux reins. *Hopital de réserve, Worms.*

Gilbert, J., Vieux-Mesnil 2e ligne, coup de feu au bras droit. *Caserne neuve. Offenbach.*

Guingand Elie, 40e ligne, 2e b., 5e c. Evacué sur *Minden.*

Garnier, Victor, 21e ligne, 1er b., 2e c. *Caserne Welfen, Hanovre.*

Georges. Adolphe, Paris, 3e turcos, 1er b., 5e c. sergent, coup de feu au pied g. *Caserne neuve, Offenbach.*

Gentil-Perret, La Bridoire 96e ligne, 3e b, 2e c., coup de feu au genou gauche. *Caserne neuve, Offenbach.*

Genest, Elie, Vernol, (Maine-et-Loire), 9e artill., 5e batt.. coup de feu au genou gauche. *Caserne neuve, Offenbach.*

Garivie, Jean, Chatel, 45e ligne, 3e b., 5e c., coup de feu au bras droit. *Caserne neuve, Offenbach.*

Grébis, Louis Eparres, (Bas-Rhin), 2e zouaves, 3e b., 3e c.. coup de feu au genou gauche. *Caserne neuve, Offenbach.*

Genet, Jean-Bapt.. Sailly (Ardennes) garde-imp. *Corny,* † le 27 Août de blessures.

Godinot, Aug.. Salcines (Maine et Loire) 46e ligne, 3e b., 4e c., coup de feu à la cuisse. *Hopital de réserve, Zittau.*

Gardaret. Marie, Lauberiau (P.-de-Dôme), 99e ligne, 2e b., 6e c., coup de feu à la cuisse. *Hopital de réserve, Zittau.*

Garcin, Aug., St-Ciers-la-Lande (Gironde), 99e ligne, 1e c.. coup de feu au mollet, guéri. *Hopital de réserve, Zittau.*

Gradepot, Jean, Ambazac (Haute-Vienne), 2e cuirass., 5e esc., brigadier. *Hopital de réserve, Zittau.*

Guitta J.-Pierre, Paris, 47e ligne, 3e b., 6e c., sergent-major, coup de feu à la machoire inf. *Hopital de réserve, Zittau.*

Gaillard, Pierre, St-Anne-de-Benex, 64e ligne, 4e b.. 1re c., coup de feu au bras gauche. *Hopital de réserve, Zittau.*

Gant, Joseph, 10e ligne. *Les Etangs,* † le 14 Septembre, de blessures.

Gloclandel, Louis, 62e ligne. *Les Etangs,* † le 10 Septembre, de blessures

Gauvant, 10 ligne. *Ambulance, Boulay.*

Guizion, 19e ligne. 3e c. *Ambulance, Boulay.*

Gehant, Jos , Chatenois, 2e génie. *Hopital de réserve 1, Francfo-t-sur-le Mein.*

Gérome, B., 71e ligne, blessé. *Hopital de réserve, Schwetzingen.*

Gelletier, 64e ligne caporal. *Cœslin.*

Guillot 50e ligne, *Cœslin.*

Grange, 79e ligne. *Cœslin.*

Grégoire. 1er ligne. *Cœslin.*

Grezet, Jean-Emile, Ducous 34e ligne, 3e c. *Hopital de réserve, Altenbourg.*

Guichard, 7e ligne. *Coeslin.*

Gérard, 50e ligne, caporal. *Coeslin.*

Gliese. 5e ligne. *Coeslin.*

Grille, A , 96e ligne. Evacué sur *Ingolstadt.*

Grenou, Châteauroux, 71e ligne. Evacué sur *Ingolstadt.*

Gandier, V., 47e ligne. Evacué sur *Ingolstadt.*

Gervon. 2e zouaves. *Coeslin.*

Goudon, Victor. La Châtre (Indre), 66e ligne, 1re c. sergent. coup de feu à la hanche droite. *Dépôt de prisonniers Leipzig.*

Gorju, Louis, Alais, 56e ligne, 5e c., caporal, coup de feu à la jambe gauche. *Hopital de réserve 3 Leipzig.*

Gurin, Auguste, Bonpoint (Oise), 5e artillerie. petite vérole. *Hopital de réserve 2, Leipzig.*

Goujon, Jean, Bazeilles, 4e chass à cheval, 3e esc. *Hopital de réserve 2, Leipzig.*

Guegnon, Pierre, Begad. (Nord), 1er zouaves, 1er b. *Hôpital de réserve 2, Leipzig.*
Gerrain, Ferdinand, Gornou, 21e ligne, 4e c. *Hôpital de réserve 2, Leipzig.*
- **Geyr**, Ignace, Mutzig, 84e ligne, 5e c., coup de feu à la cuisse droite. *Dépôt de prisonniers, Leipzig.*

Hideux, Raoul, 24e ligne 6e c. *Hôpital de réserve 3, à Hanovre.*
Henry, Joseph 40e ligne, 3e c. *Hôpital de réserve 3, Hanovre.*
Hilbrunner, Joseph, 24e ligne, 4e c. *Hôpital de réserve 3, Hanovre*, évacué à *Magdebourg.*
Hamed ben Hamat, turcos, 5e c. *Hôpital de réserve 3, Hanovre*, évacué à *Magdebourg.*
Huc du Moulin de la Colombe, 67e ligne, 5e c. *Hôpital de réserve 3, Hanovre*, évacué à *Magdebourg.*
Hefflinger, Jean, 40e ligne, c. *Hôpital de réserve 3, Hanovre.*
Houdart, Joseph, 2e ligne, 5e c. *Hôpital de réserve 3, Hanovre.*
Homonal, Jos., Tonquedec (Côtes-du-Nord), 9e ligne, 2e b., 3e c., coup de feu à la main gauche. *Caserne à Wittenberg.*
Herbrecht, Jos., Bergols (Haut-Rhin), 83e ligne, 3e b., 4e c. *Caserne à Wittenberg.*
Herr, Pierre, Nietentren (Bas-Rhin), 62e ligne, 1er b., 5e c., fièvre gastrique. *Caserne à Wittenberg.* † le 30 Septembre.
Hervé, François-M., Bordeaux (Tivoli), 34e ligne, 1er b, 6e c. *Hôpital de la Tête-de-Pont à Wittenberg.*
Hemont, Alex., Bouchamps (Mayenne), 6e chasseurs, 2e c. *Hôpital de la Tête-de-Pont à Wittenberg.*
Hay, Adolphe, Nogent le-Rotrou (Eure-et-Loir), 1re section d'admin. *Hôpital de la Tête-de-Pont à Wittenberg.*
Heutt, Léon, St-Martin (Eure), 34e ligne, 3e b., 5e c. *Hôpital de la Tête-de-Pont à Wittenberg.*
Herry. J.-B.-Ed., Gouhenans (Haute-Saône), 53e ligne), 3e b., 4e c., caporal. *Hôpital de la Tête-de-Pont à Wittenberg.*
Hurier, Isidore, Senlis (Oise), 2e ligne. *Hôpital de la Tête-de-Pont à Wittenberg.*
Hacart, Edouard, 40e ligne, 1re c. *Hôpital de réserve 3. Hanovre.*
Hautefeuille, Emile, 26e ligne, 3e c. *Hôpital de réserve 3, Hanovre.*
Heitz, Mathias, 68e ligne, 6e c. *Hôpital de réserve 3, Hanovre.*
Hervé, Louis, 77e ligne, 6e c. *Hôpital de réserve 3, Hanovre.*
Hoffmann, Jean, 88e ligne. 3e c., sergent. *Hôpital de réserve 3, Hanovre.*
Hess, Paul, Forbach. 8e artill., 4e batt., trompette. *Hôpital militaire, Spandau,*
Haïedot, Jean, Biache, 88e ligne, 6e b. *Hôpital militaire, Spandau.*
Henquin. Jean, Coligny, 11e artill., 4e batt. *Hôpital militaire, Spandau.*
Heinrich, Antoine, Wihrau. 58e ligne, 5e c. *Hôpital militaire, Spandau.*
Henry, Jacques, 97e ligne, 4e c. *Hôpital de réserve 3, Hanovre.*
Hamard, Julien, 40e ligne, 5e c. *Hôpital de réserve 3, Hanovre.*
Heisch, Philippe, Blœschwiller (Bas-Rhin), 43e ligne, 1er b., 1re c., caporal, coup de feu à la cuisse. *Baraques à Mannheim.*
Herbet, Théophile. Amiens, 26e ligne, 1er b., 6e c., coup de feu à la jambe. *Baraques à Mannheim.*
Hudry, Jean, Lyon. 8e chasseurs à pied, 1re c., coup de feu au pied. *Baraques à Mannheim.*
Hurlequin, Victor, Juvenée (Marne), 74e ligne, 1er b, 2e c., coup de feu à la jambe. *Baraques à Mannheim.*
Herron, Jean (?). † le 23 Septembre à *Carlsruhe.*
Habart, E., 1er zouaves, sergent. Evacué sur *Ingolstadt.*
Hassenfechter, E., Reguisheim, 65e ligne. Evacué sur *Ingolstadt.*
Hütter, Auguste, 2e grenadiers de la garde, 1er b., 5e c. *Baraques à Brême.*
Handberg, François, 40e ligne, 1er b., 1re c. *Baraques à Brême.*
Heyer, Jean, 3e zouaves, 1er b., 6e c. Guéri et évacué sur *Posen.*
Hamon, Ernest, 63e ligne, 3e b., 2e c. Guéri et évacué sur *Posen.*
Humbert, Auguste, 63e ligne, 3e b., 8e c. Guéri et évacué sur *Posen.*
Humbert, Alfred, 40e ligne, coup de feu à la cuisse. *Bildstock.*
Houeix, Louis, Tréal (Morbihan), 10e ligne, 5e c., coup de feu au dos. *Hôpital de réserve à Benrath.*
Halais, Victor, Montviron, 65e ligne, en convalescence, *Hôpital de réserve à Schwetzingen.*

Hôpital, François, Chiriet (Corrèze), 37e ligne, typhus. † le 9 Octobre à *Glogau*.

Hagelstein, Nicolas, Sarreguemines, 63e ligne, typhus. † le 8 Octobre à *Glogau*.

Hirvoix, Etienne, 49e ligne, 6e c., amputé de la cuisse droite. † le 10 Septembre à *Givonne*.

Hassenfratz, Louis, Reicshoffen 34e ligne, 2e c. *Hopital de réserve à Altenbourg.*

Heizler, Bernard Louis, Weickenwircher (Haut-Rhin), 46e ligne, 3e b., 2e c., contusion à la cuisse gauche. *Hopital de réserve à Zittau.*

Houge, Pierre, 85e ligne, 3e b., 2e c., coup de feu à la poitrine. † le 2 Septembre à *Courcelles*.

Holmure, Jos., 1er zouaves, 5e c. *Hopital de réserve à Dessau.*

Hoffarth, Adolphe, 16e artill., 14e batt. *Hopital de réserve à Dessau.*

Humbert, Claude, La Bresse (Vosges). 3e cuirassiers. *Caserne des Pionniers Darmstadt.*

Heitzmann, Louis-Napoléon, Malain, 62e ligne, 2e b., 5e c., coup de feu à la jambe. † le 17 Octobre à *Novéant* (La mère est née Anna Laure. H. Paris).

Helber, Charles, Barr, 84e ligne, 1er b., 5e c., coup de feu au coude. *Ambulance à Novéant.*

Hecquet, Adolphe-Martial, Rouen, 56e ligne, 2e b., 1re c., caporal, contusion à la hanche (guéri). *Hopital de réserve à Zittau.*

Horeau, P.-A.-A., Vaux (Sarthe). 2e zouaves, 3e c., 5e c., contusion à la hanche (guéri). *Hopital de réserve à Zittau.*

Hevant, C., St-Denis 2e zouaves, 1er b., lieutenant. *Hopital de réserve 1, Francfort.*

Hadj Amazoul Algérie, 1er turcos, 5e c. *Hopital de réserve 2, Leipzig.*

Hiernard, Octave, Cabouzy (Aisne), garde mobile caporal. *Sorau.*

Hervé, Pierre-Marie, 2e ligne, 3e b., 6e c. *Hopital de réserve, Bützow*

Jbrahim ben Ali, Alger, 1er turcos, 3e b., 4e c., coup de feu à la main gauche. *Hopital de réserve, Offenbach.*

Julet, Alphonse, garde mobile, 1er b., 4e c. Evacué sur *Posen.*

Jean, François, Millau (Aveyron), 46e ligne, 2e b., 2e, coup de feu à la main droite. *Hôpital de réserve, Zittau.*

Jacoulet, François, 76e ligne, 5e c. *Hopital de réserve 3, Hanovre.*

Jarry, Jules, 47e ligne, 2e c., caporal. *Hopital de réserve 3, Hanovre.*

Jalick, Isidore, Busa, 96e ligne, 1er b *Hopital de réserve 5, Görlitz.*

Joly, Michel, Moulinet, 58e ligne, 2e b. *Hopital militaire, Spandau.*

Jaure, Jean, Fléac (Ch.-Inf.), 34e ligne, 2e b., 5e c *Hopital du Bastion Danois, Wittenberg.*

Jamet, Alf, Beauficel (Manche), 2e zouaves, 6e c. *Hopital de la tête de pont, Wittenberg.*

Imbert, Jos.-Théoph, Remiremont (Vosges), 6e ligne, 2e b., 1re c, coup de feu à la joue. *Hopital de la tête de pont Wittenberg.*

Jammet, Jean, Tarnac (Corrèze), 68e ligne, 3e b., 6e c., fièvre. *Caserne, Wittenberg.*

Jean François-Math., Ainon (Côte-du-Nord) 14e ligne, 2e b., 5e c. *Hôpital de la Tête de pont Wittenberg.*

Inard, Claude, 96e ligne, 4e c. *Hôpital de réserve 3. Hanovre.*

Jacob, Arthur, La Neuveville par Toul, 68e ligne, 3e c, caporal dyss., *Hopital de réserve 1, Leipzig.*

Jullien, L.-A., Carsan. 22e ligne, 6e c. *Hôpital de réserve 1, Leipzig.*

Jouannet, Paul, 40e ligne, 4e c., caporal. *Hopital de réserve, 3, Hanovre.*

Jestin, Corentin, 40e ligne. *Hôpital de réserve 3, Hanovre.*

Joly, Michel, Moulinet. 58e ligne, 2e c. *Hopital militaire Spandau.*

Juret, Claude, Marcigny, 58e ligne, 3e c. *Hopital militaire, Spandau.*

Ichatel Louis-Victor, Vennes, 6e ligne, 1re c. *Hôpital militaire, Spandau.*

Jean Bapt.-Eug., 3e zouaves, 5e c. *Hôpital de réserve 3, Hanovre.*

Jamin, Auguste, Silley, 7e artill., 2e batt. *Hopital militaire, Spandau.*

Jamin, Jean-Bapt., St-Julien-de-Concelles, 20e chass. à pied, 7e c. *Hôpital militaire, Spandau.*

Jirry, Georges, Strasbourg, 58e ligne, 1re c. *Hopital militaire, Spandau.*

Jonet, Mathurin, 70e ligne, 1re c. *Hôpital de réserve 3, Hanovre.*

Jean, Alfred 2e zouaves, 3e c. *Hôpital de réserve 3, Hanovre.*

Jeanne, Narcisse, Meulers (Seine-Inf.), 15e ligne, 1er b., 6e c., coup de feu au genou. *Seilerbahn à Mannheim.*

Jourdan, François, Montélimar 50e ligne 3e b., 4e c., coup de feu au bras. *Baraques Mannheim*.
Jacob, Emile, 57e ligne, 3e b., 1re c., caporal *Baraques, Brême*.
Jean Jean, 77e ligne, 2e b., 5e c. *Baraques, Brême*.
Jaut, Léon, 2e grenad. de la garde, 1er b., 5e c. *Baraques Brême*.
Jampot, Alfred, 77e ligne, 2e b, 2e c. *Baraques, Brême*.
Jacques, Bertrand, 90e ligne, 2e b., 4e c. Guéri et évacué sur *Posen*.
Jansin, Nicolas 6e gardes mobiles, 3e c. Guéri et évacué sur *Posen*.
Jouannet, Pierre-François, 4e gardes mob les 6e c. Guéri et évacué sur *Posen*.
Juncas, Jean, St-Marie (Landes), 17e ligne, 7e c., coup de feu à l'épaule gauche. *Hopital de réserve, Benrath*.
Ifamont J., Autrèche, 7e ligne, convalescent. *Hôpital de réserve, Schwetzingen*.
Juranville, Des., Tayologe, 64e ligne, convalescent *Hôpital de réserve, Schwetzingen*.
Jasseret, Abraham, Viercour (Seine-Inf.), 49e ligne, 1er b., typhus *Wesel*, † le 9 Octobre
Jacquot, François. Mont-sur-Monnet (Jura), 6e lanciers, brigadier, hémorragie *Posen* † le 12 Octobre.
Jallet, Jean, 79e ligne, sergent-major. *Hopital de réserve, Brieg*.
Jaquin, Pierre, 19e ligne 4e c. *Hopital de réserve Dessau*.
Jalabert, Jean, 48e ligne, 1er b., 3e c. Evacué sur *Minden*
Jourdan, Jean, 1er ligne *Les Etangs* † le 17 Septembre
Iffé, Carlo, 60e ligne *Hôpital de la gare, Carlsruhe*
Jesequel, Guill., 48e ligne. *Carlsruhe* † le 7 Octobre.
Joseph, Nicolas, Grafenstedt, 2e zouaves, 6e c., fracture de la jambe gauche. *Hôp. de rés. 3, Leipzig*.
Imler, Nicolas-Vincent Pont-à-Mousson. garde mobile, *Sorau*.
Join, Constant 40e ligne. 6e c. *Hop tal de réserve. Butzow*

Kessler, Emile 40e ligne, 5e c. *Hopital de réserve 3 Hanovre*.
Kiefer, Fridolin, Alsace, 2e ligne, coup de feu au bras droit. *Berlin*
Kass, Am. 1er ligne. 3e c. *Marbourg*.
Kühn. Jacq -Léon, Metz 6e artill., 8e batt. caporal. *Hôpital militaire Spandau*
Krieger Michel 6e chass. 5e c. *Hôpital du Bastion Danois. Wittemberg*.
Kremair, Nicolas Paris, 14e d'artill., 12e batt, *Hôpital militaire Spandau*.
Kaufmann, Maurice, Hirzbach (Haut-Rhin), 4e chass. à pied, 4e c., coup de feu au genou gauche. *Seilerbahn, Mannheim*.
Kessler, Michel, Gr. Bliedersdorf (Moselle), 98e ligne, 1er b., 2e c. c de feu à la cuisse. *Bar. Mannheim*.
Krafft, Charles, Sarreguemines, 1er zouaves 2e b., 4e c., c. de feu à la jambe. *Bar. Mannheim*
Kormann, Aug. 47e ligne, 3e b, 4e c. *Caserne K. Fr. Berlin*.
Keifling, Jacques 8e cuirassiers, 3e esc. *Hopital de réserve Dessau*.
Klein Gustave, Phalsbourg 67e ligne. *Hôpital de réserve Schwetzingen*.
Kersody Jean Audierne 5e ligne, convalescent *Hopital de réserve. Schwetzingen*.
Kamerer, Aug., Colmar 24e ligne coup de feu à la jambe gauche. *Ambulance de Bingen*

Larby ben Hamed, 3e turcos, 5e c. *Hôpital de Hanovre*. Evacué sur *Magdebourg*.
Lamour, Joseph 25e ligne, 5e c. *Hopital de réserve 3, Hanovre*.
Lequen Alfred, 63e ligne, 4e c. *Hopital de réserve 3, Hanovre*.
Laquillon Jean, 66e ligne 3e c. *Hopital de réserve 3 Hanovre*
Lalonde Frédéric, 40e ligne, 3e c. *Hopital de réserve 3 Hanovre*
Lievaux, 18e ligne, 3e c. *Hopital de réserve 3, Hanovre*.
Legard, Isid Villeneuve 47e ligne coup de feu au pied gauche. *Berlin*.
Leclerc Louis Paris 1er génie coup de feu au pied gauche. *Berlin*.
Lebas Marie-Jean 2e ligne, 2e c. *Hopital de réserve, Hanovre* Evacué sur *Magdebourg*.
Lassimé, Noël, Lassod, 90e ligne 2e c. *Hopital de réserve, Gœrlitz*.
Lecoveigne J.-M. Lorient, 93e ligne. 3e c., caporal. *Hopital de réserve, Gœrlitz*.
Lucas, Jean, Jenorande (Gironde), 17e artill., 5e batt. *Hôpital de réserve, Gœrlitz*.

Luca, Jean-Marie. Pétriac, 3e garde imp., grenad., 4e c. *Hopital de réserve Gœrlitz.*

Lemogne, R., Larivon 73e ligne 6e c. *Hopital de réserve, Gœrlitz.*

Labelle, Jean-B. Hautes-Pyrénées 6e artill., maréchal-des-logis. *Hôpital militaire, Spandau.*

Limanche, Alf., 4e hussards, 5e esc , *Caserne des Pionniers, Darmstadt*

Laurent, T , Bieg, 3e chass. d'Af., dyssenterie. *Hôpital militaire Darmstadt.*

Laborde, Pierre, Sâlis, 99e ligne, 3e c., blessé à la cuisse. *Elisabethstift à Worms.*

Labé, Nicole. Boisemont (Moselle), 89e ligne, 2e b., 1e c., caporal, blessé au genou droit. *Caserne. Wittenberg.*

Laymond, François Condé (Nord), 37e ligne, 2e b., 1e c.. blessé à l'épaule droite. *Caserne Wittenberg.*

Lassalle, Jean, Pau, 3e cuirassiers, 4e esc. brig , blessé au bras gauche. *Caserne. Wittenberg.*

Le Sénéchal, A. Vezins, 25e ligne, 3e b., 1e c., sergent, blessé au bras droit. *Caserne, Wittenberg.*

Leclerc. Ch., Paris rue de Montreuil, 133, 70e ligne, 2e b.. 4e c. caporal blessé à la joue et à l'épaule droite. *Caserne, Wittenberg.*

Lechène. Enrico, Paris 12e s d'adm.. fièvre. *Hôpital du bastion Danois, Wittenberg.*

Labrousse, Jules St Séverin (Ille et Vil), 34e ligne, 1er b.. 2e c. *Hôpital du bastion Danois, Wittenberg.*

Legris, Etienne. Roche-Colombe (Ard.), 83e ligne, 1er b., 5e c. *Hopital du bastion Danois, Wittenberg.*

Legland, Félix, Paris, rue de Flandres 6e chass à pied, musicien. *Hopital du bastion Danois Wittenberg.*

Lefebvre, H , Candry (Nord). 33e ligne. 3e b., 4e c., contusion aux reins. *Hôpital du bastion Danois, Wittenberg.*

Lapéronie. François Chatenier (Dordogne) 94e ligne 3e b.. 1e c.. coup de feu à la main gauche. *Hôpital du bastion Danois, Wittenberg.*

Lebally. Paul, Millesavate (Orne), 4e cuirassiers. *Hopital du bastion Danois. Wittenberg.*

Lescure, Jacq., Paillac (Gironde', 53e ligne 2e b , 5e c.. caporal, *Hôpital du bastion Danois Wittenberg.*

Lamote, Jean, Podensac (Gironde). 58e ligne, 1er b., 1e c. *Hôpital du bastion Danois, Wittenberg.*

Lamarzelle, Pierre, Parsaint (Gironde) 83e ligne 3e b., 6e c. *Hopital du bastion Danois. Wittenberg.*

Lacoste, Michel Leduis (B.-Pyr.) 46e ligne 1er b., 3e c. *Hôpital du bastion Danois, Wittenberg.*

Landay, Paul Ange Juc (Charente), 34e ligne, 3e b. 6e c. *Hôpital de la Tête-de-Pont, Wittenberg.*

Lalloz, Théophile, Champagney (Haute-Saône), 10e artill.. 5e batt. *Hôpital de la Tête-de-Pont, Wittenberg.*

Laurent, Léopold, Varloy-Baillon (Somme), 34e ligne, 1er b , 3e c., sergent-fourrier, dyssenterie. *Hôpital de la Tête-de-Pont, Wittenberg.*

Lecoq Isidore, Ste Marthe (Eure), 2e train d'art. *Hôpital de la Tête-de-Pont, Wittenberg.*

Lafond, Jean, Bordeaux, 89e ligne, 1er b. 3e c., blessé à la cuisse gauche. *Hôpital de la Tête-de-Pont, Wittenberg.*

Lambert, Jean, Gael (Ille-et-Vil), 14e ligne. 1er b., 4e c. *Hôpital du bastion Danois, Wittenberg.*

Lacombe, Bapt., Tessieu (Lot), 34e ligne, 3e b., 3e c. *Hopital du bastion Danois. Wittenberg.*

Lagarde, Pierre, St-Vallier (Charente), 83e ligne, 2e b , 1e c. *Hôpital du bastion Danois, Wittenberg.*

Lalbat, Ant.. Aloignac (Lot), 34e ligne, 3e b.. 6e c. *Hopital du bastion Danois Wittenberg.*

Lepage, François St-Léger (Yonne) 62e ligne, 1er b.. 1e c. *Hôpital de la Tête-de-Pont, Wittenberg.*

Lancy, Abel Vert le-Petit (Seine-et-Oise), 10e artill., 7e batt.. maréchal-des-logis. *Hôpital de la Tête-de-Pont, Wittenberg.*

Laignier, Al - Alex., Bannans (Doubs), 20e artill. 7e b., maréchal-des logis, blessé au bras droit. *Hôpital, maison Gast, Wittenberg.*

Le Floque A.-U.-M., 25e ligne 6e c. sergent fourrier. *Hopital de réserve 3, Hanovre.*

Laplace, Joseph, 46e ligne 4e c. *Hôpital de réserve 3, Hanovre.*

Lafage, Joseph, 50e ligne, 2e c., caporal. *Hôpital de réserve 3, Hanovre.*

Le Bourlaye. Etienne, 43e ligne, 3e c. *Hopital de réserve 3, Hanovre.*

Lavenier, François, 93e ligne. 4e c. *Hopital de réserve 3, Hanovre.*

Landrau, Benjamin, 77e ligne, 3e c. *Hopital de réserve 3, Hanovre.*

Lahary, Jean, 75e ligne 3e c. *Hopital de réserve 3. Hanovre.*

Lainé Henri, Ste-Honorine-la-Chardonne 68e ligne, 2e c.. dyssenterie. *Hopital de réserve 1, Leipzig.*

Lafont, Louis, 54e ligne, 4e c. *Hopital de réserve 1, Bonn*

Lanois, Fleurimont (Pas-de-Calais), 2e ligne, 1er b., 5e c., blessé à la bouche. *Sarrelouis (Wallerfangen).*

Lesnard, Jean, Seins, 2e ligne, 3e b. 3e c., sergent, coup de feu au bras droit. *Sarrelouis (Waller-fangen.*

Louvrier. Ant., Nîmes, 2e génie. *Sarrelouis (Wallerfangen).*

Lorralde Jean-Bapt.. 1er zouaves, 3e c., sergent. *Hopital de réserve 3, Hanovre.*

Logou, Jean-Louis, 4e zouaves *Hôpital de réserve 3, Hanovre.*

Le Marée, Jacques, 48e ligne, 4e c. *Hôpital de réserve 3, Hanovre*

Le Mitour, Joachim, 17e chass. à pied, 7e c. *Hôpital de réserve 1, Leipzig.*

Ladgé, Henri Réalmont, 68e ligne, 6e c. *Hôpital de réserve 1 Leipzig.*

Lévêque, Aug., Fensenon-le-Château, 1er inf. de marine. *Hopital de réserve 1, Leipzig.*

Lemire, Alphonse Brionne, 58e ligne, 4e c., dyssenterie. *Hôpital de réserve 1, Leipzig.*

Lorenzi, Charles, Chize, 67e ligne, 3e c., dyssenterie. *Hôpital de réserve 1, Leipzig.*

Leclerc, Lucien, 41e ligne caporal. *Hôpital de réserve 3, Hanovre.*

Leguillon, Jules, 40e ligne, 1e c. *Hôpital de réserve 3 Hanovre.*

Lormann, Jean, 26e ligne, 5e c. *Hôpital de réserve 3 Hanovre.*

Loison, Michel 63e ligne, 6e c., caporal. *Hôpital de réserve 3, Hanovre.*

Lebre, Jean, 20e ligne, 1e c. *Hôpital de réserve 3, Hanovre.*

Lepoil Jean Baptiste, 4e chass. à chev., 1er esc. *Hôpital de réserve 3, Hanovre.*

Le Paillet, Guil., 65e ligne, 1e c. *Hopital de réserve 3, Hanovre.*

Leblond, Jean-Baptiste, 47e ligne, 1e c., sergent *Hopital de réserve 3, Hanovre.*

Lefèvre, Aimable-Const., 2e zouaves, 2e c. *Hopital de réserve 3, Hanovre.*

Lannard, Guil, Careau, 58e ligne, 7e c. *Hôpital militaire, Spandau.*

Lagé, Etienne, Cour, 1er ligne, 5e c. *Hôpital militaire, Spandau.*

Lecour, Paul, Chatillon-s -Marne, 1er ligne 6e c. *Hôpital militaire, Spandau.*

Laparre, Jean Aucors, 58e ligne 6e c. *Hopital militaire, Spandau.*

Lebosque, Alex., St-Cyr du Boitte, 14e artill, 12e b. *Hopital militaire, Spandau.*

Lougaies, Emile, Honfleur, 21e ligne, 5e c. *Hôpital militaire Spandau.*

Lavoyé, André-Hipp.. Champitre, 8e artill., 4e batt. *Hopital militaire, Spandau.*

Lehier, Ervé, 8e artill, 4e batt. *Hopital militaire, Spandau.*

Lohmann, Vincent, Reilingen, 3e génie, 11e c. *Hôpital militaire, Spandau.*

Lahalle, Hector, Bonjeux, 2e train d'artill. *Hopital militaire, Spandau.*

Lentz, Jean, Frise. 21e ligne, 5e c. *Hopital militaire, Spandau.*

Lagriffoul, Jean-Joseph, 75e ligne, 5e c *Hopital de réserve 3, Hanovre.*

Le Naréos, Joseph, 48e ligne, 1e c. *Hôpital de réserve 3, Hanovre.*

Lasseuve, Jean, 58e ligne, 6e c. *Hôpital de réserve 3, Hanovre.*

Lafôret, Chessy-Chilbert, 58e ligne 1re c. *Hôpital militaire, Spandau.*

Lains, Louis-Jos., Bayel, 58e ligne, 3e c. *Hôpital militaire, Spandau.*

Labourdette Domin., Bisaut, 58e ligne, 3e c. *Hopital militaire, Spandau.*

Licheroud, Pierre St-Aubin, 58e ligne, 1re c. *Hopital militaire, Spandau.*

Lahaye Charles-Aimé, Aspet, 8e artill, 4e batt. *Hopital militaire, Spandau.*

Loselier, Louis, Besion 6e artill, 4e batt *Hopital militaire, Spandau.*

Leboeuf, Emile, Dranks, 21e ligne, 4e c. *Hopital mil taire, Spandau.*

Leroux, Pierre, Magendy, 20e chass. à pied, 7e c. *Hôpital militaire, Spandau.*

Le Comte, Emile, Ressourt-sur-le-Mel, 21e ligne, 4e c. *Hopital militaire, Spandau.*

Le Bailly, Alfred, 28e ligne, 4e c. *Hôpital de réserve 3, Hanovre.*

Lontillon, Pierre, 28e ligne, 6e c. *Hôpital de réserve 3, Hanovre.*

Lecoudé, Henri, 94e ligne, 5e c. *Hôpital de réserve 3 Hanovre.*

Longuet, Ed.-Ernest, 4e ligne 4e c *Hôpital de réserve 3, Hanovre.*

Lebert, Auguste, 12e ligne, 2e c caporal. *Hôpital de réserve 3 Hanovre.*

Le Deau, Guill, 8e ligne, 7e c. *Hôpital de réserve 3, Hanovre.*

Larby-bou-Carès, 1er turcos, 2e c. *Hôpital de réserve 3, Hanovre.*

Lanskin, Charles lanciers de la garde, 6e esc. *Hôpital de réserve 3, Hanovre.*

Lassaire, Jean Ortoige ou Orthez, 8e chass. à pied, adjudant, coup de feu à la jambe gauche. *Oberndorfsches Haus, Mannheim.*

Lebouder. L, Lannion (Côtes-du-Nord), 50e ligne, 1er b., 1re c., sergent coup de feu au pied. *Seilerbahn à Mannheim.*

Laubriat, Jean, Beaumont (Corrèze), 68e ligne, 1er b., 4e c., coup de feu au dos. *Seilerbahn à Mannheim.*

Labonne, Pierre, Marmande, 72e ligne. *Hopital militaire, Carlsruhe.*

L'homme, S., 2e zouaves. Evacué sur *Ingolstadt.*

Laboulle, A., 96e ligne. Evacué sur *Ingolstadt.*

Leroy, A., 16e ligne, caporal. *Carlsruhe.* † le 28 Septembre.

Le Nestour, Marie-Joseph, 10e ligne 1re c. *Hôpital de réserve 3, Hanovre.*

Latapie, Jean, Benac (H.-Pyr.), 50e ligne, 1er b , 6e c., blessé à la poitrine et ou genou. *Baraques, Mannheim.*

Lalojer, Jean, (Côtes-du-Lord), 50e ligne, 3e c., caporal, dyssenterie. *Baraques, Mannheim.*

Larosette, J., Auriac (B.-Pyr.), 48e ligne, 3e b., 4e c., coup de feu à la cuisse. *Baraques, Mannheim.*

Larrau, Pierre, Nizan (Gironde), 50e ligne, 3e b.. 2e c., coup de feu à la cuisse. *Baraques, Mannheim.*

Laurienne, Simon, Fabas (Ariège), 3e ligne, 2e b., 2e c., coup de feu à la jambe. *Bar., Mannheim.*

Leid-ben-Ahmet, Constantine, 3e turcos 1er b., 3e c., amputé du pied g. *Baraques, Mannheim.*

Letésine, Louis, René (Sarthe), 1er chass. à pied 3e c. *Baraques, Mannheim.*

Libaut, J.-B., Dijon, 74e ligne, 1er b., 5e c. *Baraques, Mannheim.*

Loiseau, Jules, Douai, 66e ligne, 1re c., coup de feu à la poitrine. *Baraques. Mannheim.*

Louredel, H., (Seine), 2e zouaves, 2e b., 6e c , lieutenant, coup de feu à la cuisse gauche. *Baraques, Mannheim.*

Lemaire, Honoré-Nap., 2e zouaves, 2e b., 3e c. *Baraques, Brême.*

Louis, Joseph, 33e ligne 1er b., 3e c. *Baraques, Brême.*

Leullier, Eug., 70e ligne, 3e b., 2e c. *Baraques, Brême.*

Lepetit, Jean, 47e ligne, 2e b., 2e c. *Baraques Brême.*

LeDevelat, Paterne, 10e ligne, 1er b., 4e c. *Baraques Brême.*

Letissier, Marc., 75e ligne, 1er b., 1re c. *Baraques, Brême.*

Lépine, Alfred-Rémy, 40e ligne, 2e b.. 5e c. Guéri et évacué sur *Posen.*

Lorrain, Jacques, 3e gardes mobiles, 4e c., pet.-vér *Hôpital de la Charité, Berlin.*

Leclair ou **Leclerc**. Jean-Bapt., Vandy (Ardennes), 68e ligne. 2e b., 5e c. *Arsenal, Mannheim.*

Labib-Ahmet, Constantine, 3e turcos, 3e b., 1re c., amputé de la cuisse. *Ambulance hollandaise, Mannheim.*

Lepert, Mathurin, (?) *Hopital de la gare, Carlsruhe.* Evacué sur *Ingotstadt.*

Ley, Emile 40e ligne, 5e c. *Hôpital de réserve 1, Francfort-sur-le-Mein.*

Leroy, Jean, 1er zouaves, 3e b.. 2e c. Evacué sur *Cosel.*

Loret, Jean, 79e ligne, 1er b.. 1re c. Evacué sur *Cosel.*

Lidou, Jean. Nevers, 4e artill., 5e batt., dyssenterie. *Hôpital de réserve, Benrath.*

Laforest, Etienne, La-Ferté-sous Jouarre, 11e ligne 5e c. *Hôpital de réserve, Benrath.*

Lucas, Réne, Frèrelas (Côtes du-Nord), 47e ligne, 3e c. *Hôpital de réserve, Benrath.*

Louerat. Pierre-Jean, Clion (Loire-Inf.), 1er train d'artill., *Hôpital de réserve, Benrath.*

Leret. Jean-Marie, Pazause (Loire-Inf.), 10e artill., 8e batt. *Hôpital de réserve, Benrath.*

Larivière, Etienne, Marville (Dordogne), 25e ligne, 4e c., coup de feu à la cuisse gauche. *Hôpital de réserve, Benrath.*

Lechalle. Amable-Victor, Bretaille (Seine-Inf.), 10e ligne, 7e c., dyssenterie. *Hôpital de réserve, Benrath.*

Legey, François, (Moselle), 14e ligne, 1re c. *Hôpital de réserve, Benrath.*

Léré, Jean-Pierre, Orthez, 88e ligne, 3e c , coup de feu au genou. *Hôpital de réserve, Benrath.*

Letendet, A., Parigna. 15e ligne, *Hôpital de réserve, Schwetzingen.*

Le Sout, François, Plourin. 46e ligne, 3e b.. 2e c., coup de feu au bras. *Hôpital de réserve, Benrath..*

Lusun, Ant., Lairain, 11e ligne, coup de feu à la tête. *Hôpital de réserve, Schwetzingen* (en bonne voie de guérison).

Loubira, Jean, Betenac, 68e ligne, coup de feu à la poitrine. *Hôpital de réserve, Schwetzingen* (en bonne voie de guérison).

Ladé, Ant., Omesser, 67e ligne, amputé de la jambe gauche. *Hôpital de réserve, Schwetzingen* (en convalescence).

Langlais, Const., Mamers, 16e ligne, blessé à l'épaule. *Hôpital de réserve, Schwetzingen.*

Lagarde, Jean, Marcel, 98e ligne. *Hôpital de réserve, Schwetzingen.*

Latus, Jean, Niseuil, 12e ligne, convalescent. *Hôpital de réserve, Schwetzingen.*

Lefloch, Banalegue, 70e ligne. *Hôpital de réserve, Schwetzingen.*

Lafosse, Pierre, 6e ligne, dyssenterie. *Torgau,* † le 9 Octobre.

Lutrangère Jean, Reims, 1er inf. de marine. 1er b., typhus. *Neisse*, † le 9 Octobre.

Larivée Jean, Vigneux, 4e sect. d'ouvriers d'administration, typhus. *Posen* † le 8 Octobre.

Lutz, François-Antoine, Train, typhus. *Erfurt*, † le 11 Octobre.

Laurent, Casimir. Garrigues (Gard.). 72e ligne, 1er b. 4e c., typhus. *Neisse* † le 13 Octobre.

Lozach, Yves, 14e ligne 3e b.. 5e c., typhus *Carthausen* † le 6 Octobre.

Lorraine, Marie-Em., Lyon, 16e chass. à pied. 8e c., sergent, dyssenterie. *Spandau*, † le 10 Octobre.

Lecourtois, Théophile, 6e ligne 4e b , 3e c., typhus. *Spandau*, † le 10 Octobre.

Lacoste. Bernard, 14e artill.. 9e batt., typhus. *Erfurt*, † le 9 Octobre.

Lemonnier Aug., 8e artill., typhus. *Erfurt*, † le 10 Octobre.

Lamaission Arnaud 52e ligne, 5e c., amputé des 2 cuisses. *Givonne*, † le 11 Septembre.

Lahalle, Aime Victor, Bretaille (Seine-Inf.). 10e ligne. *Hopital de réserve. Meiningen.*

Latte Fr.. St Symphorien (Isère), 68e ligne, 2e b., 4e c., dyssenterie *Hopital de réserve, Zittau.*

Legé, Const., Jeanménil (Vosges). 18e ligne, 1er b., 4e c., dyssenterie. *Hopital de réserve, Zittau.*

Lesgeclerc, J.-Marie, Villevaucance (Ardèche), 19e artill., 1re batt., dyssenterie. *Hôpital de réserve, Zittau.*

Larigauderie. François, Villequier, 68e ligne, 5e c., dyssenterie. *Hôpital de réserve, Altenbourg.*

Lettre, Louis, Montluçon 4e hussards, 6e esc.. contusion à la jambe gauche. *Hopital de réserve, Zittau.*

Landre, Michel, Megnay (Indre), 93e ligne. 1er b.. 2e c., coup de feu au pied droit. *Hôpital de réserve. Zittau.*

Lejeune Réné, Ranoy (Orne), 68e ligne 1er b., 2e c., coup de feu à la jambe droite. *Hôpital de réserve Zittau.*

Leclerc, Nestor, Béthune, 68e ligne, 3e b.. 6e c., coup de feu à la cuisse droite. *Hôpital de réserre, Zittau.*

Lallemand, Anselme, Colisieux Isère). 46e ligne, 1er b., 5e c., caporal, coup de feu à la cuisse droite. *Hopital de réserve, Zittau.*

Leturgie Jos , Ham, 68e ligne, 1er b., 3e c. coup de feu à la cheville droite. *Hôpital de réserve, Zittau.*

Labal, 60e ligne 3e b., 6e c., sergent-major, blessure à la hanche. † le 25 Août à *Courcelles.*

Larieu, Paris 44e ligne, caporal coup de feu à la cuisse gauche. *Ambulance de Vigy.*

Lenoir, Jean. 12e ligne, 2e c. Evacué sur *Coblence.*

Lecter, Auguste, 1er zouaves, 6e c. *Hopital de réserve Dessau.*

Leroux, Charles-Marie Crognay-La-Roche 8!e ligne, coup de feu à la cuisse gauche. † le 24 Août à *Ars-sur-Moselle.*

Linassien Jean-Baptiste, St Vallier (Drôme), 93e ligne, mutilation de la cuisse droite. † le 4 Septembre à *Ars-sur-Moselle.*

Leboucher. Auguste, Le Hàvre, 37e ligne 1er b., 1re c., caporal, coup de feu aux deux mollets. *Caserne neuve à Offenbach.*

Lair, Jean, Bonnefond (Corrèze , 96e ligne, 2e b , 6e c., coup de feu, amputé du bras droit. *Caserne neuve à Offenbach.*

Lafaille, Jean, Lesbonne (Hautes-Pyrénées), 36e ligne 3e b. 4e c., coup de feu au coude gauche. *Caserne neuve à Offenbach.*

Lemoine, Henri, Reims, 18e ligne, 1er b., 1re c , coup de feu aux deux épaules. *Caserne neuve à Offenbach.*

Lombard, Jos., Pressen, 60e ligne, blessé à l'épaule. *Fabrique Heyl à Worms.*

Legoni, Etienne, Couches-les-Mines Saône-et-Loire), 66e ligne, perte de l'œil droit. *Ambulance à Bingen.*

Luccini, André, Bonifacio (Corse), 2e ligne, coup de feu au pied gauche. *Ambulance à Bingen.*

Levesque, Sébastien, Vateau. 37e ligne, 2e b. 2e c., coup de feu à la cuisse droite. *Hopital de rés. Zittau.*

Lambert, Jean Sabonnin (Corrèze), 47e ligne, 1er b.. 5e c., coup de feu à la jambe. *Hôpital de rés., Zittau.*

Laglaise Edmond, 2e zouaves, 3e b., 1re c. Evacué sur *Minden.*

Lefèbre, Pierre, 78e ligne, 1er b., 2e c. Evacué sur *Minden.*

Le Metlard, E., Plourin (Finistère). 11e ligne, 3e b , 6e c., coup de feu à la cuisse droite. *Hopital de réserve, Zittau.*

Lepoitevin, Adolphe, Valognes, 67e ligne, 1er b., 2e c., coup de feu à la jambe gauche. *Hopital de réserve, Zittau.*

Leroux, Auguste, Cosse-de-Vivien, 2e train d'artill., 2e batt., coup de feu au pied droit. *Hopital de réserve, Zittau.*

Lagnon, Auguste, Avesnes, 21e ligne, 1re c. *Hopital de réserve 1, Francf.-s/M.*

Loszac, Henri, Brest, 70e ligne. *Hopital de réserve 1. Francf.-s/M.*

Leblanc, Auguste, 27e ligne. † à *l'hopital de Pont-à-Mousson.*

Lecadre, Jules, 10e ligne. † le 17 Septembre aux *Etangs.*

Legnier, Arsène, 29e ligne, 4e c., coup de feu au genou droit. *Ambulance des Etangs.*

Lefèvre, Emile, 19e ligne. † le 18 Août à *Montoy.*

Lacan, Camille. 67e ligne, 5e c., sergent. Evacué sur *Mayence.*

Laperche, Jos., 76e ligne. 5e c. Evacué sur *Mayence.*

Ladapie, Jean Renac, 50e ligne 6e c. *Hopital de réserve 1, Francf.-s/M.*

Landrevont, Jos (Isère), 81e ligne, 5e c. *Hopital de réserve 1, Francf.-s/M.*

Ledassier, L., Binec, 1er chasseurs, blessé. *Hôpital de réserve, Schwetzingen.*

Lacdar ben Adia Algérie, 2e turcos, coup de feu à la poitrine. *Hopital de réserve, Schwetzingen.* Guéri.

Lerière, Louis, Vallon, 56e ligne amputé du bras gauche. *Hopital de réserve, Schwetzingen.*

Laharem Anos, Algérie, 1er turcos coup de feu à la poitrine. *Hopital de réserve, Schwetzingen.*

Lemanceau, 47e ligne. *Coeslin.*

Laplace, 7e ligne. *Coeslin.*

Lainne, 7e ligne. *Coeslin.*

Lore, 50e ligne. *Coeslin.*

Lambert, Jean-Pierre, St-Pons 34e ligne, 2e c. *Hopital de réserve, Altenbourg.*

Lavout, 5e génie. *Coeslin.*

Lelièvre, 94e ligne. *Coeslin.*

Leroy, 1er train d'artill. *Coeslin.*

Langellier, 50e ligne, caporal. *Coeslin.*

Lafitte, 31e ligne. *Coeslin.*

Lèbre, 17e chass. à pied. *Coeslin.*

Lothé, Claude, Riom, 1er zouaves, musicien, dyssenterie. *Hôpital de réserve 2, Leipzig.*

Laone, Jean, Villandraut (Gironde), 83e ligne. 3e c. *Dépôt de prisonniers à Leipzig.*

Lacasonni Aristide, 24e ligne, 6e c. *Hopital de réserve, Bützow.*

Leduc, Antoine, 63e ligne, 2e c., caporal. *Hopital de réserve, Bützow.*

Lafont, Louis. 54e ligne, 2e b, 4e c. Evacué sur *Hanovre.*

Lecerf, Camille, Bouquigny (Aisne). 1er turcos, 2e b., coup de feu à la main gauche. *Hôpital de rés. 2, Leipzig.*

Lepert, Mathurin (?). Evacué sur *Ingolstadt.*

Luquin, Charles, 66e ligne, lieutenant. *Hopital de réserve 3, Hanovre.*

Lavache, J.-F., Villefranche (Pyrénées), 99e ligne. † le 2 Octobre à *Carlsruhe.*

Loppion, J.-M., La Roche-Bernard, 48e ligne. *Hôpital de rés. 2, Leipzig.*

Mastier, Joseph, 10e chass. à pied 5e c. *Hanovre*, évacué sur *Minden.*

Monboucher, Pierre. 96e ligne. 3e c. *Hopital de réserve 3 Hanovre.*

Moinel Lucien 88e ligne, 4e c. *Hopital de réserve 3, Hanovre*, † le 4 Septembre de blessures.

Morin, Chrisogène 8e ligne, 6e c. *Hôpital de réserve 3, Hanovre.*

Murer, Jacques, 13e ligne, 2e c. *Hopital de réserve 3, Hanovre.*

Mohamed-ben-Mebud 1er turcos, 2e b., 6e c. *Hopital de réserve 3, Hanovre.*

Metzle, Benjamin, 40e ligne, 1re c. *Hôpital de réserve 3, Hanovre.*

Machuelle, Léon, 63e ligne, 6e c. *Hopital de réserve 3 Hanovre.*

Mohamed-ben-Zoïdès, 2e turcos, 3e c., sergent. *Hôpital de réserve 3, Hanovre.*

Mazéas, Charles, 67e l gne, 3e c. *Hôpital de réserve 3, Hanovre.*

Mallot, François. 66e ligne, 2e c. *Hopital de réserve 3, Hanovre.*

Monge, François, 63e ligne. 4e c. *Hôpital de réserve 3, Hanovre.*

Malbec, Jean-Pierre, 66e ligne, 6e c., caporal. *Hopital de réserve 3, Hanovre.*

Meunier, Alphonse, Grandbois. 47e ligne, caporal, coup de feu au bras. *Berlin.*

Mohamed-ben-Ahmet, Constantine, 3e turcos, coup de feu au bras. *Berlin.*

Mohamed-ben-Amed, Alger. 1er turcos, coup de feu au côté gauche. *Berlin.*

Macé Paul, Refueville, 74e ligne, coup de feu à l'épaule droite. *Berlin.*

Milut-ben-Sarge, Alger, 3e turcos, coup de feu au bras. *Berlin.*

Marquier, Joseph 40e ligne, 2e c. *Hopital de réserve 3, Hanovre.*

Mette, Amable, Wylse (Normandie), 47e ligne, 3e c. *Marbourg.*

Meradin, Guillaume, 74e ligne, 6e c. *Marbourg.*

Mougest, Julien Aprio-les-Losson, grenadier de la garde, 6e c. *Hopital de réserve Gœrlitz.*

Montuslat, Joseph, Egleton, 90e ligne, 1re c. Evacué sur *Posen.*

Muschel, Jules, Baas, 1er inf. de marine, 3e b., 5e c., caporal. *Hopital de réserve, Gœrlitz.*

Martel, Jules-Henri, Doué, 11e artill., 4e batt., brigadier. *Hôpital militaire Spandau.*

Merveille (de) François Posser, 94e ligne, 4e c. *Fabrique Heil. Giessen.*

Mader, Louis, Flonjonville, 68e ligne, 6e c. *Fabrique Heil, Giessen.*

Moreau, Marie Jos., Fulgeon, 3e ligne, 1re c., dyssenterie. *Caserne des Pionniers. Darmstadt.*

Murbach. Eug. Mulhouse, 10e dragons, 4e esc. *Caserne des Pionniers, Darmstadt.*

Magnin, Jacques, Fétilien, train-des-équipages, 4e esc. *Caserne des Pionniers, Darmstadt.*

Morgy, Amand, Moix, 3e ligne, 3e c. *Caserne des Pionniers, Darmstadt.*

Marchand, Jean, St-Louon, 72e ligne, 3e c. *Caserne des Pionniers, Darmstadt.*

Méderier, François. Amberne, 5e hussards, 1er esc. *Caserne des Pionniers, Darmstadt.*

Maro, Etienne, Herme, 4e chass., 6e c. *Caserne des Pionniers. Darmstadt.*

Moré ou **Maré**, Notre-Dame-d'Orzec, 3e inf. de marine, fièvre. *Caserne des Pionniers Darmstadt.*

Monery, Léonard, La Bourgonie (Haute-Vienne), 46e ligne, 3e b. 6e c., coup de feu à l'épaule droite. *Caserne 20, Wittenberg.*

Meynier, Numa, Privas (Ardèche), 37e ligne, 2e b., 6e c.. sergent-fourrier, coups de feu à la jambe et cuisse droite. *Caserne, Wittenberg.*

Maline, Pierre, Luy-Favayo, Cant. Sagnac (Dordogne), 64e ligne, 2e b., 3e c. *Caserne 20, Wittenberg.*

Masson, Ed.. Chaignay (Côte-d'Or), 13e ligne, 2e b., 4e c. *Hopital du bastion Danois, Wittenberg.*

Magelhen (de), A., Paris, rue Fontaine-au-Roi, 57, 89e ligne, 3e b., 4e c. *Hopital du bastion Danois, Wittenberg.*

Malespine, Cyp., Santurac (Lot), 34e ligne, 1er b., 3e c. *Hopital du bastion Danois, Wittenberg.*

Moigniet, Jean. Penvenean (Côtes-du-Nord), 34e ligne, 1er b., 3e c. *Hopital du bastion Danois, Wittenberg.*

Mulin, Aug., Champ-du-Bourg (Calvados), 6e ligne, 3e b., 3e c. *Hôpital du bastion Danois Wittenberg.*

Maravil, Adrien, Villefranche (Dordogne), 34e ligne, 3e b., 6e c. *Hopital du bastion Danois, Wittenberg.*

Morin Max., Viriat (Ain), 34e ligne, 3e b. 2e c. *Hopital de la Tête-du-Pont, Wittenberg.*

Martin, François, Corbiac (Haute-Gar.), 83e ligne, 2e b.. 3e c. *Hopital de la Tête-du-Pont, Wittenberg.*

Mareth, Arthur, Meaux (Seine-et-Marne) 55e ligne, 3e b., 4e c.. coup de feu à la cuisse. *Hopital de la Tête-du-Pont, Wittenberg.*

Monchallain, François, Aroste (Haute Loire), 73e ligne, 1er b., 6e c., coup de feu à la jambe droite. *Hopital de la Tête-du-Pont, Wittenberg.*

Marion, Jos., Moras (Drôme), 53e ligne, 1e b.. 6e c. *Hôpital du bastion Danois Wittenberg.*

Mollon, J.-M.-N., Feurs (Loire), 83e ligne, 2e b., 2e c. *Hôpital du bastion Danois, Wittenberg.*

Masset, Eug.. Périgueux, 10e ligne, 1er b., 6e c., caporal, petite-vérole. *Hôpital, maison Gast Wittenberg.*

Mey, Mathieu, St-Etienne, 12e ligne, 3e b., 1re c. *Hôpital de la Tête-de-Pont, Wittenberg.*

Mohamed-ben-Salah, 1er turcos, 4e c. *Hopital de réserve 3, Hanovre.*

Modin, Jean. 67e ligne, 5e c. *Hopital de réserve 3, Hanovre.*

Mauguyon, A., 2e ligne, 1re c. *Hopital de réserve 3, Hanovre.*

Marchent, Jean, (Loire), *Sarrelouis (Wallerfangen).*

Martin, Jules, 45e ligne, 3e c. *Hopital de réserve 3, Hanovre.*

Mazoulié, Alex., 20e ligne, 4e c. *Hopital de réserve 3, Hanovre.*

Madei, Jean-Marie, 2e inf. de marine. *Hôpital de réserve 3, Hanovre.*

Macé, Jos., Touches, 17e chass. à pied, 7e c., sergent. *Hopital de réserve 1, Leipzig*

Mathieu, Louis, Lilpore, 27e ligne, 4e c., coup de feu à la cuisse gauche. *Hôpital de réserve 1 à Leipzig.*

Melsen, Théod., Dunkerque, 46e ligne, 1re c., coup de feu à la tête. *Hopital de réserve 1, Leipzig.*

Matt, Isidore, Erlenbach, 11e ligne, 1re c., coup de feu à la cuisse gauche. *Hopital de réserve 1, Leipzig.*

Messer, Michel, Ballbronne 7e artill. 12e batt *Hôpital de réserve 1, Leipzig.*

Marrest, Hyppolite, 63e ligne, 4e c *Hopital de réserve 3, Hanovre.*

Morin, Léonard, 63e ligne, 4e c. *Hopital de réserve 3, Hanovre.*

Marcœur, Jean, 27e ligne, 1re c. *Hôpital de réserve, 3, Hanovre.*

Montaubry, Antoine, 66e ligne, 7e c. *Hopital de réserve. 3, Hanovre.*

Montjoin, Henri, 47e ligne, 1re c. *Hopital de réserve 3, Hanovre.*

Maréchal, Louis, 68e ligne, 1re c.,*Hopital de réserve 3, Hanovre.*

Mangelli, L.-P., Moucaup 58e ligne, 6e c. *Hopital militaire, Spandau.*

Mundt, Jean-Pierre, Xaintrailles, 58e ligne, 1re c. *Hopital militaire, Spandau.*

Marquet, Eloi, 8e artill., 3e batt., maréchal-ferrant. *Hôpital, militaire, Spandau.*

Meyer, Georges, Alpfing, 16e chass. à pied. *Hopital militaire, Spandau.*

Mouzin Emile, Givet 6e ligne, 6e c. *Hopital militaire, Spandau.*

Moréau Charles-Jean, Paris, 21e ligne. *Hopital militaire, Spandau.*

Morin, François, 3e zouaves, 2e c. *Hopital de réserve 3, Hanovre.*

Mohamed-ben-Amar, 3e turcos, 6e c. *Hopital de réserve 3, Hanovre.*

Muraud, André, 74e ligne, 2e c. *Hopital de réserve 3, Hanovre.*

Maurel, Joseph, 8e ligne, 5 c. *Hopital de réserve 3, Hanovre.*

Marguerie, Magloire, L'eau-de-lain, 6e ligne, 3e c. *Hopital militaire, Spandau*

Marchand, Emile, St-Germain. 50e ligne, 2e c. *Hopital militaire, Spandau.*

Miassec, François, Plourome, 8e ligne, 1re c. *Hopital militaire, Spandau.*

Marie, Joseph, 45e ligne, 6e c. *Hopital de réserve 3, Hanovre.*

Marazzi, Jean, 28e ligne, 6e c. *Hopital de réserve 3, Hanovre.*

Mati, Pierre-Paul, 9e ligne, 6e c. *Hopital de réserve 3, Hanovre.*

Moinelet, Charles. 3e zouaves, 1re c., caporal. *Hôpital de réserve 3, Hanovre.*

Mohamet-ben-Tajek, 1er turcos, 4e c. *Hopital de réserve 3, Hanovre.*

Monnier, François, 36e ligne, 1re c. *Hopital de réserve 3, Hanovre.*

Mauduit, Louis, 64e ligne, 3 c. *Hopital de réserve 3, Hanovre.*

Marcoux, D., Dompierre (Nord), 7e artill., sous-officier, blessé et dysssenterie. *Maison de santé, Mannheim.*

Mathieu, Henri, Etain (Meuse), 2e turcos, chef de b., coup de feu au côté gauche. *Oberndorfsches Haus, Mannheim.*

Milieri, Léon, Corte (Corse), 61e ligne, 3e b., 6e c., caporal, coup de feu au bras droit. *Seilerbahn Mannheim.*

Morotte, Jules, Archisart, 78e ligne, 3e b., 6e c., coup de feu à la jambe g. *Hopital de réserve, Zittau.*

Mauzé, Aug., Fontenay (Seine-Inf.), 46e ligne, 2e b. 3e c., caporal, coup de feu à la jambe gauche. *Hopital de réserve Zittau.*

Marcelin, Pierre Moissac (T.-et-Gar.), 11e ligne, 1er b., 1re c., contusion à la jambe droite. *Hôpital de réserve, Zittau.*

Mouiller, Léopold, 51e ligne, 3e c. *Montoy,* † le 13 Septembre.

Morvier, Th.-Jul., 62e ligne. *Montoy,* le 11 Septembre.

Mohamed-ben-Hamer, Constantine, 3e turcos, 6e c. *Hopi'al de réserve 1, Francfort-sur-le-Mein.*

Mohamed-ben-Abbès, Oran, 2e turcos, 4e c. *Hôpital de réserve 1, Francfort-sur-le-Mein.*

Moreau, Gustave, Liversine, 2e zouaves, 3e c. *Hôpital de réserve 1, Francfort-sur-le-Mein*

Mohamed-ben-Hos, Alger, 2e turcos. *Hopital de réserve, Schwetzingen.*

Mendrot, François, Vatan, 99e ligne, amputé de la jambe gauche. *Hopital de réserve, Schwetzingen.*

Mohamed-ben-Hady, Alger, 3e turcos. *Hopital de réserve, Schwetzingen.*

Med-ben-Amar, Milianah, 1er turcos, coup de feu à la poitrine. *Hopital de réserve, Schwetzingen.*

Mathieu, 7e ligne. *Cœslin.*

Michon, 3e ligne. *Cœslin.*

Mandaron, 22e ligne. *Cœslin.*

Michanet, 50e ligne. *Cœslin.*

Mathieu, 74e ligne *Cœslin.*

Marsalon, Eug., Valière, 83e ligne, 3e c. *Hopital de réserve, Altenbourg.*

Matinet, Pierre, 89e ligne, 3e c. *Hopital de réserve, Altenbourg.*

Monnié, 6e artill. *Cœslin.*

Mansard, 7e ligne. *Cœslin.*

Mazeyrac, 7e ligne. *Cœslin.*

Miloud-ben-Amar, Tlemcen, 2e turcos, 6e c , clairon, coup de feu au pied droit. *Hopital de rés. 3, Leipzig.*

Malaisson, A., 18e ligne. Evacué sur *Ingolstadt.*

Melloth, F., Mostaganem, 3e turcos. Evacué sur *Ingolstadt.*

Mohamed-ben-Saïb, Kabylie, 1er turcos. Evacué sur *Ingolstadt.*

Moreau, J., Chatillon (Indre), 47e ligne. *Carlsruhe,* † le 6 Octobre.

Masse, 6e hussards. *Cœslin.*

Muthé, 50e ligne. *Cœslin.*

Mercier, Jean, Lavaud (Dordogne), 72e ligne, 5e c. Dépôt des Prisonniers, *Leipzig.*

Mornand, Claude, Màcon, 16e artill . 3e batt., fracture au pied. *Hopital de réserve 3, Leipzig.*

Mazet, François, Villars, St-Christophe, 12e artill. 1re batt., bronchie. *Hopital de réserve 3, Leipzig.*

Moinet, Fréd.-Pierre, Lezay (Deux-Sev.), 16e artill. 1re batt., coup de feu à l'épaule gauche. *Hopital de réserve 2, Leipzig.*

Mustapha Constantine, 3e turcos, 4e c. *Hopital de réserve 2, Leipzig.*

Monceau, Alph., Salye (Loire), 20e chass. à pied, 4e c., coup de feu au côté droit. Dépôt des prisonniers, *Leipzig.*

Marchal, Aug.-Charles, Haraucourt, garde mobile. *Sorau.*

Merchard, Jean-L, Montbesan (Ardèche), 73e ligne, 4e c., coup de feu à la jambe gauche. Dépôt des prisonniers, *Leipzig.*

Mauriaux Emile, Pont-à-Mousson, garde mobile, *Sorau.*

Moulin, Jacques, 40e ligne, 1re c. *Hopital de réserve, Butzow.*

Maheddin-Braime, Saïda, 2e turcos, 3e c., blessé au genou Evacué sur *Hanovre.*

Marboudy, Jean, St-Anne (Haute-Vienne), 57e ligne, 1re c., coup de feu au mollet. Evacué sur *Hanovre.*

Monsigny, Louis, St-Omer, 65e ligne, 3e b., 2e c., coup de feu au bras. *Seilerbahn, Mannheim.*

Mohamed ben Melut, turcos, blessé. Evacué sur *Ingolstadt.*

Michel, Louis, blessé. Evacué sur *Ingolstadt.*

Metivier, Jules, Vierzon, 28e ligne, blessé. Evacué sur *Ingolstadt.*

Mohamed ben Rasouti, 2e turcos, sergent, blessé. Evacué sur *Ingoldstadt.*

Mohamed ben Ahmet, 2e turcos, blessé. Evacué sur *Ingolstadt.*

Moulin, Reymond, 50e ligne, 4e c. *Hopital de réserve 3, Hanovre.*

Mohamed-ben-Haidj, Alger, 1er turcos, blessé au pied gauche. *Baraques à Mannheim.*

Mohamed ben Josef, 1er turcos, 3e b., 6e c., coup de feu à la cuisse. *Baraques à Mannheim.*

Martin, Eugène, Algérie, 6e ligne, 1er b., 2e c., coup de feu aux pieds. *Baraques à Mannheim.*

Massard, Mathieu, Monistrol (Haute-Loire), 50e ligne, 3e b., 1re c., blessé à la tête (guéri). *Baraques à Mannheim.*

Mathieu, Jean, St-Michel-de-la-Nesse, 93e ligne, 1er b., 2e c., coup de feu à la cuisse. *Baraques à Mannheim.*

Mazé, Michel, Saint-Ségal (Finistère), 48e ligne, 3e b., 2e c., coup de feu à la jambe. *Baraques à Mannheim.*

Med ben Amar, Alger, 1er turcos, 2e b., 4e c., coup de feu à la poitrine. *Baraques à Mannheim.*

Meunier ou **Menner**, Jean, Saint-Denis, 54e ligne, 1er b., 8e c., coup de feu à la jambe. *Baraques à Mannheim.*

Mouton, François, Toulouse, 3e zouaves, 3e b , 1re c., coup de feu au bras. *Baraques à Mannheim.*

Mahomed ben Hofi, Algérie, 2e turcos, 3e b., 2e c., coup de feu au bras droit. *Ecole de Tir à Mannheim.*

Mohamed-ben-Oar, 2e turcos, 1er b., 3e c. *Baraques à Brême.*

Mohamed ben Zaïr, 2e turcos, 2e b., 3e c. *Baraques à Brême.*

Martin, Léon, 8e ligne, 3e b., 2e c., sergent. *Baraques à Brême.*

Miloud ben Mokta, Oran, 1er turcos. *Hopital de réserve, Meiningen.*

Merle, André, Saint-Jullien-en-Jarret (Loire), 2e train d'artillerie. *Hopital de réserve à Meiningen.*

Montassier, François, St-Palais (Gironde), 34e ligne. *Hopital de réserve à Meiningen.*

Miége ou **Miesch**, Maurice, 10e artillerie, 1er b., 5e c. *Baraques à Brême.*

Moutel, Claude, 40e ligne, 3e b., 5e c. *Baraques à Brême.*

Monteil, Jean, 75e ligne, 3e b., 2e c. *Baraques à Brême.*

Marchal, Jules, 57e ligne. *Maison de Santé à Brême.*

Meyer, Victor, 3e zouaves, 1er b., 4e c. K. Fr. *Caserne à Berlin.*

Munich, Louis, 63e ligne, 3e b., 4e c. K. Fr. *Caserne à Berlin.*

Mant, Jean-Baptiste, 24e ligne, 2e b., 1re c., sergent, guéri et évacué sur *Posen.*

Moyer, Jos., 9e cuirassiers, 4e esc., guéri et évacué sur *Posen.*

Marête, Alphonse, 24e ligne, 1er b., 1re c., guéri et évacué sur *Posen.*

Manelfe, François, 2e zouaves, 1er b., 1re c., guéri et évacué sur *Posen.*

Maurice, Emile, garde mobile, 3e b., 6e c., caporal, guéri et évacué sur *Posen.*

Maudron, François, Fontenay (Indre), 99e ligne, 3e b., 1er c., amputé d'une jambe. *Ambulance hollandaise à Mannheim.*

Marchien, Albert ou Robert (Ariège), 47e ligne, 1er b., 1re c., coup de feu à la jambe. *Ambulance hollandaise à Mannheim.*

Mercier, Etienne-Auguste, 11e ligne, 2e b., 1re c. Evacué sur *Cosel.*

Moreau, Désiré, 15e artillerie monté. Evacué sur *Cosel.*

Meillant, Paul, Romans, 94e ligne, 2e c., coup de feu au coude gauche. *Hopital de réserve à Benrath*

Maréchal, Camille, Celles-Raon (Vosges), 3e lanciers, 1er esc. *Hopital de réserve à Benrath.*

Miloud ben Moktar, 2e turcos. *Hopital de réserve à Benrath.*

Morfaing, Alexis, Siguer (Ariège), 17e ligne, 5e c., blessé à la cuisse droite. *Hopital de réserve à Benrath.*

Martin, L., Malceville, 33e ligne. *Hopital de réserve, Schwetzingen.*

Mathieu, Jean, Salles, 93e ligne, en convalescence. *Hopital de réserve, Schwetzingen.*

Matendy, Louis, Luceran, 13e ligne, sergent, en convalescence. *Hopital de réserve, Schwetzingen.*

Marchand, François, Poitiers, 50e ligne, en convalescence. *Hopital de réserve, Schwetzingen.*

Masse, J., Eclanville, 42e ligne, en convalescence. *Hopital de réserve, Schwetzingen.*

Matier, Adolphe, 8e cuirassiers, 5e esc., typhus. † le 6 Octobre à *Erfurt.*

Martin, Emile, Husseren, 6e cuirassiers, 1er esc., brigadier, typhus. † le 3 Octobre à *Posen.*

Maherault, Toussaint-Louis, Menhail (Mayenne), 8e ligne, fluxion de poitrine. † le 15 Octobre à *Thorn.*

Morel, Valentin, 64e ligne, 2e b., 4e c., typhus. † le 5 Octobre à *Carthausen.*

Mondenesse, Arnold, 5e ligne, 3e b, 3e c., typhus. † le 6 Octobre à *Carthausen.*

Maignan, François-M., 31e ligne, 2e b., 2e c., typhus. † le 9 Octobre à *Carthausen.*

Merceron, Emile, 1er ligne, typhus. † le 12 Octobre à *Torgau.*

Moine, numéro matricule 2849, amputé de la cuisse gauche. † le 4 Septembre à *Givonne.*

Martimort, Jos., 72e ligne, coup de feu au pied droit. † le 29 Septembre à *Givonne.*

Miravant, Alfred, Dillard (Isère), 47e ligne, 1er b., 2e c., amputé d'un pied. *Baraques à Mannheim.*

Marcelin, J.-B.-E., Brienne, 3e hussards, 2e esc., brigadier. *Hopital de réserve, Zittau.*

Marin, Xavier, St-Valbert (Haute-Loire), 11e ligne, 2e b., 3e c., contusionné. *Hopital de réserve, Zittau.*

Moreau, Fr., Limoges, 68e ligne, 1er b., 1re c. *Hopital de réserve, Zittau.*

Moreau, Louis-Olivier, Joigny (Yonne), 5e hussards, 3e esc., brigadier, entorse. *Hopital de réserve, Zittau.*

Megret, Louis, 34e ligne, 1re c. *Hopital de réserve à Altenbourg.*

Migault, François, Mazières-sur-B., 10e artill. monté. *Hopital de réserve à Altenbourg.*

Morge, Jos., Ennezel (Vosges), 11e ligne, 2e b., 6e c., coup de feu à la jambe gauche. *Hopital de rés., Zittau.*

Maldes, J.-Louis, Valzergue (Aveyron), 46e ligne, 1er b., 4e c., coup de feu à la jambe gauche *Hopital de réserve, Zittau.*

Maugras, Edouard, Varennes (Yonne), 93e ligne, 3e b., 5e c., contusion à la cuisse droite. *Hopital de réserve, Zittau.*

Marlière, Auguste, Maubert (Ardennes), 27e ligne, 1er b., 1re c., c. de feu à la cuisse gauche. *Hopital de réserve, Zittau.*

Mariani, Simon, 67e ligne, 1er b., 1re c., coup de feu aux deux cuisses. *Hôpital de réserve, Zittau.*

Marchand, Jean, Nouvion (Somme), 99e ligne, 1er b., 6e c., coup de feu aux deux cuisses. *Hôpital de réserve, Zittau.*

Massobre, Marcelin, Puy-l'Evêque (Lot), 1er hussards, 6e esc., coup de feu à la hanche gauche. *Hôpital de réserve, Zittau.*

Mangot, Jean, Bourg-Lastic, 12e dragons, 4e esc., coup de feu au côté et genou gauche. *Hôpital de réserve, Zittau.*

Molinier, Armand (?), lieutenant, blessé à la tête. † le 17 Août à *Mars la-Tour.*

Mordillat Auguste, 82e ligne, 2e c., sous-lieutenant. *Hôpital de réserve, Halberstadt.*

Mazuret, B., 87e ligne, 3e c. *Hôpital de réserve, Dessau.*

Martin, Eug.-Ferd., 2e zouaves, 3e c. *Hôpital de réserve, Dessau.*

Maret, Pierre, 16e artill., 1re c. *Hôpital de réserve, Dessau.*

Milourt, Célestin, 16e artill., 15e c. *Hôpital de réserve, Dessau.*

Monnet, Nicolas, Pechanges (Côte-d'Or), 18e ligne, 1er b., 3e c., coup de feu au genou. *Caserne neuve à Offenbach.*

Ménigos, Charles-Jos., Raddon (Haute-Saône), 1er zouaves, 1er b., 6e c., coup de feu au coude gauche. *Caserne neuve à Offenbach.*

Messaoud-ben-Abbès, Constantine, 3e turcos, 2e b., 4e c., coup de feu au bras. *Caserne neuve à Offenbach.*

Med-ben-Amar, Oran, 1er turcos, 1er b., 4e c. *Caserne neuve à Offenbach.*

Maire, J., 66e ligne, coup de feu à la poitrine. *Caserne neuve à Offenbach.*

Maréchal, Joseph, St-Eloi (Ain), 9e cuirassiers, 1er escadron, ruade de cheval. *Hôpital de réserve à Zittau.*

Manteau, François, Bastide (Clermont), 3e zouaves, 1er b., 3e c., coup de feu à l'épaule droite. *Hôpital de réserve à Zittau.*

Machard, François, 78e ligne, 2e b., 4e c., sous-officier. *Caserne Welfen à Hanovre.*

Munch, Séverin, 48e ligne, 2e b., 6e c. Evacué sur *Minden.*

Mathieu, Auguste, 41e ligne ou 14e. † le 16 Octobre à *Montoy.*

Mevier, Théodore, 62e ligne. † le 1er Septembre à *Montoy.*

Mounier, J.-J.-P., Moulins (Ardèche), 56e ligne, 2e b., 3e c., contusion à la jambe (guéri). *Hôpital de réserve, Zittau.*

Nicole, Alex., 24e ligne, 5e c. *Hôpital de réserve 3, Hanovre.*

Noël, François, 24e ligne, 2e c. *Hôpital de réserve 3, Hanovre.*

Nyon, Charles, Cambrai (Nord), 40e ligne, 2e b., 6e c., coup de feu au côté droit. *Caserne 20, à Wittenberg.*

Nicolas, Aimé, Auray (Morbihan), 25 ligne, 3e b., 4e c. *Hôpital du bastion Danois, Wittenberg.*

Nidergang, L.-Ph., Ribeauviller (Haut-Rhin), 75e ligne, 3e b. 1re c., caporal, coup de feu à l'épaule et au menton. *Hôpital de la Tête-de-Pont, Wittenberg.*

Navoly, Auguste, Viviers (Ardèche), 4e ligne. 2e b., 4e c. *Hôpital de la Tête-de-Pont, Wittenberg.*

Noël, Oberon, 56e ligne, 2e c. *Hôpital de réserve 3, Hanovre.*

Nintré, Athanase, 5e dragons, 4e esc. *Hôpital de rés. 1, Bonn.*

Nicolas, Frédéric, Montelin, 4e chass. à pied, 6e c. *Caserne des pionniers à Darmstadt.*

Nègre, Jean, Thionville, 4e chass. d'Afrique. *Elisabethstift à Darmstadt.*

Nicolas, Henri, 4e chass. à cheval, 3e esc., trompette. *Hôpital de réserve 3, Hanovre.*

Nyon, Théophile, 70e ligne, 4e c. *Hôpital de réserve 3, Hanovre.*

Noël, Léon, Courville, 62e ligne, 2e c. *Hôpital militaire, Spandau.*

Noël, Const., Auserier, 7e lanciers, 2e esc. *Hôpital de réserve, Spandau.*

Naas, Jacques, dragons, 4e esc. *Hôpital de réserve 3, Hanovre.*

Niquel, Louis-Eugène, 10e chass. à pied, 6e c. *Hôpital de réserve 3, Hanovre.*

Noguet, Claudius, 88e ligne, 3e b., 4e c. *Baraques à Brême.*

Nicolas, Jean-Baptiste, garde mobile, 3e b., 8e c. Guéri et évacué sur *Posen.*

Nicolaï, François-Alf., garde mobile, 4e b., 6e c., caporal. Guéri et évacué sur *Posen.*

Noël, Victor, Provenchères (Haute-Marne), 50e ligne, 4e c. *Hôpital de réserve, Benrath.*

Nizier, Pierre, 72e ligne, typhus. † le 15 Octobre à *Minden.*
Naujac François, numéro matricule 3932, 72e ligne, coup de feu à la poitrine. † le 10 Septembre à *Gironne.*
Nodin, Louis, St-Georges (Deux-Sèvres), 96e ligne, 1er b., 4e c., coup de feu au coude droit. *Caserne neuve à Offenbach.*
Noël, Auguste-Michel Blairsing (Vosges), 56e ligne 4e c. *Hopital de réserve 2, Leipzig.*
Nègre, Antoine, Barthes (Tarn et-Garonne) 52e ligne, 4e c., clairon. *Dépôt des prisons, Leipzig.*

Odye, Jean, 40e ligne, 7e c, caporal. *Hopital de réserve 3, Hanovre.*
Oeuvrand, Armand, 40e ligne, 4e c. *Hôpital de réserve 3, Hanovre.*
Ouada-ben Tayek, 2e turcos, 6e c. *Hopital de réserve 3, Hanovre.*
Omefa-Mohamed Alger, 1er turcos blessé au genou droit. *Berlin.*
Oudin, Charles, 63e ligne, 5e c. *Hopital de réserve 3. Hanovre.*
Opil, Zénobie, 77e ligne, 2e c. *Hôpital de réserve 3, Hanovre.*
Olivier, Théoph., Mesnac (Charente), 34e ligne. 3e b., 2e c., caporal. *Hopital du Bastion Danois, Wittenberg.*
Ottaviani, Antoine, 58e ligne, 1re c. *Hopital de réserve 3, Hanovre.*
Ogeau, Pierre, 10e ligne, 1re c. *Hopital de réserve 3, Hanovre.*
Ovière, Joseph, Erbrée (Bretagne), 4e turcos. *Caserne des prisonniers, Darmstadt.*
Orfray, Léon, Paris, 20e chass. à pied. *Hopital militaire, Spandau.*
Ouvrard, Joseph St Genès, 58e ligne, 5e c. *Hôpital militaire, Spandau.*
Odero, Aug.-Henri-François, 17e chass. à pied, 6e c. *Hopital de réserve, 3, Hanovre.*
Ollivier, J.-M., Frétigny (Côtes-du-Nord), 68e ligne, 1er b. 6e c., coup de feu à la jambe d. *Seilerbahn, Mannheim.*
Orlache, Ch , Andernay (Finistère) 59e ligne. Evacué sur *Ingolstadt.*
Odry, Mathieu, 2e ligne, 1er b., 6e c. *Baraques Brème.*
Ochsenbein, Blaise, 84e ligne, 1re b., 6e c. *Baraques, Brème.*
Ollier, Jean, St-Bonnet-le-Castel (Puy-de-Dôme), 79e ligne, 1re c. *Hopital de réserve, Benrath.*
Ollivier, Germain, Trisini, 73e ligne, coup de feu à la jambe droite. *Hôpital de réserve, Schwetzingen.*
Ouger ou **Auger,** 11e chasseurs à pied, typhus. *Boulay,* † le 17 Septembre.
Oliva, 22e ligne. *Cæslin.*
Olivier, Jos., 8e cuirass., 1er esc , brigadier. Evacué sur *Posen.*

Piéron, Louis, 67e ligne, 4e c. *Hopital de réserve 3, Hanovre.*
Piquet, Gustave, 65e ligne, 2e c. *Hôpital de réserve 3, Hanovre.*
Pierlot, C.-Léop , 74e ligne, 4e c., *Hopital de réserve 3, Hanovre.*
Peyras, Louis-Paul, chass. à pied ou garde mobile. *Hopital de réserve 3, Hanovre.*
Plasse, Antoine (Corrèze). 36e ligne. *Hopital militaire, Spandau.*
Plaute, Guillaume, Bordeaux, 62e ligne, 1re c. *Hôpital militaire, Spandau.*
Petit, Pierre, Jugé, 61e ligne, 5e c., coup de feu au dos. *Elisabethstift, Worms.*
Perrié, Henri, Conte, 2e chass. à pied, 1re c , dyssenterie. *Hopital 1, Darmstadt.*
Plévigne, François, (Bretagne), 55e ligne. *Hopital 1, Darmstadt.*
Pouxvielle, Jean, Vornaza, 1er ligne, 6e c. *Hopital 1, Darmstadt.*
Pallauris, François, Parlanda, 50e ligne, 3e c. *Hopital 1, Darmstadt.*
Perresuil, Jean, Erbrée, 1er zouaves, 1re c. *Hopital 1, Darmstadt.*
Planche, Christophe. *Giessen (Baraques).*
Pillon, Céleste, Caen, 1er chass. 5e c. *Hopital militaire, Darmstadt.*
Parlange, V., Combourg. (Ille-et-Vilaine), 75e ligne, 2e b., 1re c., caporal, coup de feu à l'epaule g. *Caserne 20, Wittenberg.*
Pernet, Aug., Paris boulevard Latour-Maubourg, 15, 83e ligne. 2e b., 5e c., coup de feu à la jambe g. *Caserne 20, Wittenberg.*
Polosse, Benoît, Paris, r. St-Denis, 236, 34e ligne, 1er b., 2e c. *Caserne, Wittenberg.*

Pinchon, François, St-Lo-d'Ourville (Manche), 10e ligne, 2e b., 1re c., coup de feu à l'épaule droite. *Caserne, Wittenberg.*

Picard, Arsène, Assions (Ardèche), 66e ligne, 2e b., 6e c. coup de feu à la cuisse d. *Caserne, Wittenberg.*

Panel, François, Witternesse (P.-de-Calais), 76e ligne 1er b., 4e c, coup de feu à l'épaule dr. *Caserne Wittenberg.*

Parè, Louis, L'Isle-sur-la-Sorgue (Vaucluse), 57e 1er b., 2e c.. coup de feu à l'épaule gauche. *Caserne, Wittenberg.*

Pairaud, François, St-Maurice-de-G. (Ain), 34e ligne, 1er b.. 6e c. *Hopital du Bastion Danois, Wittenberg.*

Pilo, Jean, Bègles (Gironde), 58e ligne, 1er b., 4e c. *Hopital du Bastion Danois, Wittenberg.*

Pinard, Aug., Bretoncelles (Orne), 1er lanciers. *Hopital du Bastion Danois, Wittenberg.*

Perraud, François, Poncins (Loire). 18e chass. à pied, 5e c. *Hopital du Bastion Danois, Wittenberg.*

Petit, Alex, Montrélais (Loire-Inf.). 1er Inf. de marine. *Hopital du Bastion Danois Wittenberg.*

Platel, Gustave, Ponces (Seine-Inf.). 1er zouaves, 2e b., 1re c. *Hopital du Bastion Danois, Wittenberg.*

Pulliat, L., Villefranche (Rhône), 99e ligne, 2e b., 6e c., dyssenterie. *Hopital de la Tête du pont. Wittenberg.*

Piffert, Martin Racrange (Moselle), 14e ligne, 2e b., 3e c. *Hopital de la Tête du pont, Wittenberg.*

Puffency, Aug.-Val., Montigny (Jura), 11e ligne, 1er b., 6e c., coup de feu à la cuisse droite. *Hopital de la Tête de Pont, Wittenberg.*

Piot, Armand Flavy-le-Meldeux (Oise), 2e train, 9e c. *Hopital de la Tête du Pont, Wittenberg.*

Panchon, Jos., Orange (Vaucl.). 1er train d'artill., 10e c. *Hopital du Bastion Danois. Wittenberg.*

Perret, Albert Florimond (H.-Rhin), 10e artill., 10e batt., *Hopital du Bastion Danois, Wittenberg.*

Pellier J.-B., Argentré (Mayenne), 14e ligne, 2e b., 6e c. *Hopital du Bastion Danois, Wittenberg.*

Place, Jacques, Fronton (H.-Gar.), 58e ligne, 1er b., 2e c. *Hôpital, maison Gast, Wittenberg.*

Putot, Joseph. 53e ligne, 3e c. *Hopital de réserve 3, Hanovre.*

Pudal, Jean, 67e ligne 2e c. *Hopital de réserve 3, Hanovre.*

Pierson, Eug., 2e zouaves, 3e c. *Hôpital de réserve 3, Hanovre.*

Patoux, Charles, Landange 68e ligne, 6e c. *Hopital de réserve 1, Leipzig.*

Poitaux, Raymond Croix-Rousse 80e ligne, 6e c., coup de feu au dos. *Hopital de réserve 1, Leipzig.*

Puech, Hippolyte, Moulins, 40e ligne, 5e c. *Weinheim.*

Potin, Charles, 56e ligne, 4e c. *Hôpital de réserve 3, Hanovre.*

Parisot, Philibert, 63e ligne, 6e c. *Hopital de réserve, Hanovre.*

Piollet, Edouard, 24e ligne, 2e c. *Hopital de réserve, Hanovre.*

Plantier, Bertrand, 58e ligne, 5e c. *Hôpital de réserve, Hanovre.*

Pessan, Joseph. 20e ligne, 2e c. *Hôpital de réserve, Hanovre.*

Pérécouche, Louis, 58e ligne, 1re c. *Hopital de réserve, Hanovre.*

Pijouler, Barthelemy, 79e ligne, 4e c. *Hopital de réserve, Hanovre.*

Prost, Charles, 18e ligne, 2 c. *Hopital de réserve, Hanovre.*

Postic, Yves, Garlan 68e ligne, 3e c. *Hopital de réserve 1, Leipzig.*

Perrot, Etienne, Charny, 68e ligne, 3e c., dyssenterie. *Hôpital de réserve 1, Leipzig.*

Paquignon, Louis, St-Fargeau, 68e ligne, 2e c. *Hôpital de réserve 1, Leipzig.*

Peru, Jacques, 24e ligne, 1re c. *Hopital de réserve 3. Hanovre.*

Parrot, Jean; 77e ligne, 6e c. *Hopital de réserve 3, Hanovre.*

Pital, Paul-Jacques, 3e ligne, 3e c. *Hopital de réserve 3. Hanovre.*

Peter, Alph., 46e ligne, 1re c. *Hopital de réserve 3, Hanovre.*

Pommerol, Jean, Escurolles, 21e ligne 6e c. *Hopital militaire, Spandau.*

Platel, Henri, Baboeuf, 7e ligne, 4e c. *Hôpital militaire, Spandau.*

Porti, Alfred, St-Etienne-du-Bois, 7e ligne, 3e c. *Hopital militaire, Spandau.*

Plasse, Antoine, La Corez, 36e ligne. *Hopital militaire, Spandau.*

Plaute, Guillaume, Bordeaux, 62e ligne, 1re c. *Hopital militaire, Spandau.*

Pierre, Réné, Canaples, 8e artill., 4e batt. *Hopital militaire, Spandau.*

Perny, Benjamin, Pont-du-Bois, 8e artill., 4e c. *Hopital militaire, Spandau.*

Perot, Réné-Louis, Chat.-du-Loir, 58e ligne, 2e c. *Hopital militaire, Spandau.*

Plimeret, Jean-Bapt., Phalsbourg, 58e ligne, 6e c. *Hopital militaire, Spandau.*

Prévot, Guill., Bioule 20e ligne. 6e c. *Hôpital militaire, Spandau.*

Paillard, Elie-Victor, Remoray, 8e artill. 3e batt. *Hopital militaire, Spandau.*

Pelletou Sulpice, Retrove-la-Chasse 58e ligne, 1re c. *Hopital militaire, Spandau.*

Pirrin Benoît, Montmor:n, 45e ligne, 1re c. *Hopital militaire, Spandau.*

Puerillot, Victor-Louis, Nancy, 1er ligne, 6e c. *Hopital militaire, Spandau.*

Perrous, Henri, 8e ligne, 2e c. *Hopital de réserve 3, Hanovre.*

Picard, Edouard, La Marche, 58e ligne, 2e c. *Hopital militaire, Spandau.*

Picoutot, Réné, Suse, 78e ligne, 1re c. *Hopital militaire, Spandau.*

Pucet, Albert, Aux-Baux, 40e ligne, 1re c. *Hopital militaire, Spandau.*

Page, E , 2e cuirass.. 5e esc., *Hopital de réserve 3, Hanovre.*

Pomme, Louis-Pierre, 47e ligne, 4e c. *Hopital de rése've 3, Hanovre.*

Peron, Jean, 28e ligne, 2e c. *Hopital de réserve 3, Hanovre.*

Picherau, Eug., 50e ligne, 4e c., clairon. *Hopital de réserve 3, Hanovre.*

Pariaux, Amand, Jougne (Doubs) 1er inf de mar'ne, 3e b., 3e c. *Hopital militaire, Mannheim.*

Presson, François,. Monteblanc (Garonne), 47e ligne, blessé. *Hopital militaire, Carlsruhe.*

Prely, Louis, Cerié (Rhône) blessé. Evacué sur *Ingolstadt.*

Percheron, Michel (?), blessé. Evacué sur *Ingolstadt.*

Ponnès, Jean, Caudérias (Pyr), 66e ligne, blessé. Evacué sur *Ingolstadt.*

Primoult, Vienne, 47e ligne, blessé. *Nouv. Séminaire, Carlsruhe.*

Prouchet, J., 48e ligne, blessé. Evacué sur *Ingolstadt.*

Prichet, Charles, 1er génie. *Hopital militaire, Carlsruhe.*

Prats, Etienne, 72e ligne, 4e c. *Hopital de réserve, 3, Hanovre.*

Pinguit, Hyacinthe, 63e ligne, 1er b., 6e c. *Baraques, B·éme.*

Pierre, Marie, Medarre (Côtes-du-Nord), 15e ligne, 1er b., 5e c., coup de feu à l'épaule. *Baraques, Mannheim.*

Perriet, Louis, 74e ligne, 3e b., 3e c. *Baraques, Bréme.*

Pausade, Jean, 6e ligne, 1er b., 1e c. *Baraques, Bréme.*

Persin, Alphonse, 9e artill., 7e batt. *Baraques, Bréme.*

Pinsou, Léon, 3e zouaves, 2e b., 2e c. *Baraques, Bréme.*

Premont, Théophile,. Vendeuil (Aisne), 49e ligne. *Hôpital de réserve, Meiningen.*

Pillas, Jean-Bapt , 4e ligne, 3e b., 2e c. *Baraques, Bréme.*

Patriat, Edmond, 1er zouaves, 1er b., 2e c. *Baraques, Bréme.*

Pascal, Antoine, 13e ligne. *Baraques, Bréme.*

Pierrout, Charles, 3e turcos, 2e b., 6e c., guéri et évacué sur *Posen.*

Platret, Claude, 66e ligne, 3e b., 2e c., guéri et évacué sur *Posen.*

Platert, Jules-Alfred, garde mobile, 3e b., 5e c., guéri et évacué sur *Posen.*

Poizet, Eloi, St-Loup (Ardennes), 68e ligne, 2e b., 6e c. *Arsenal, Mannheim.*

Peretti, François-Emile, 19e artill. monté, Evacué sur *Cosel.*

Picard, Gaspard, train des équipages de la garde. évacué sur *Cosel.*

Perrin, Jean-Marie, Flodmar (?) (Ain), 6e ligne, 4e c. *Hôpital de réserve, Benrath.*

Poit, Michel Lyon, 3e zouaves. Evacué comme prisonnier à *Mannheim.*

Panneau Henri, St-Colombe (Sarthe), 45e ligne. *Hopital de réserve, Benrath.* Evacué comme prisonnier à *Mannheim.*

Pouchoy, Pierre, Yenne (Savoie), 74e ligne, 3e c., blessé au pied gauche. *Hopital de réserve, Benrath.* Evacué comme prisonnier à *Mannheim.*

Paramelle, Jean-Guibert, Laurette (Lot), 17e ligne, 4e c. *Hopital de réserve, Benrath.*

Perard, Pierre, Lyon, 61e ligne, coup de feu à la poitrine. *Hopital de réserve, Schwetzingen.*

Pauty, Victor, St-Etienne, 93e ligne, en convalescence. *Hopital de réserve, Leipzig.*

Pollard, Jules Virgile, 61e ligne, 1er b., 5e c., blessé au bras droit. † *Erfurt* le 6 Octobre.

Pezet, Martin, 52e ligne, typhus. † à *Minden*, le 10 Octobre.

Patin, Louis, 2e inf. de marine, 3e b.. caporal, typhus. † le 4 Octobre à *Carthausen.*

Perret, Claude-Jean-Marie, 4e inf. de marine, 1er b., dyssenterie. † à *Carthausen*, le 7 Octobre.

Petit, Louis, 11e ligne 5e b., 1e c. typhus. † à *Erfurt*, le 10 Octobre.

Pierre, Victor, 11e ligne, 4e c , typhus. † à *Erfurt*, le 10 Octobre.

Provost, Jean. 5e ligne, typhus. † à *Stettin* le 11 Octobre.

Pierrefite, Jean, Colay, 49e ligne. *Hôpital de réserve, Meiningen.*

Penère, Jean, Brest, 50e ligne, 3e b., 6e c., coup de feu au bras droit. *Hôpital de baraque 6, Mannheim.*

Prosjean, J.-Bapt., Froudemont (Haute-Saône), 2e zouaves, 1er b., 2e c , coup de feu aux deux cuisses. *Hop.talde réserve, Zittau.*

Philipon, Alexandre, 34e ligne. *Hopital de réserve, Altenbourg.*

Pottier, Jules-Jos., Vaugirard (Seine), 11e ligne. 1er b., 3e c., coup de feu à la cuisse droite. *Hopital de réserve, Zittau.*

Pichollet, Pierre, Eusèbe (Haute-Savoie), 89e ligne, 3e b., 2e c., coup de feu à la cuisse droite· *Hopital de réserve, Zittau.*

Peymaran, E., Briec (Finistère), 21e ligne, 3e b., 1e c., coup de feu à la jambe droite. *Hopital de réserve, Zittau.*

Pulja, Jean, Bouzenar (Ardèche), 86e ligne, 3e b., 5e c., coup de feu à la hanche gauche. *Hopital de réserve, Zittau.*

Pardon, Jules, Abasse (Loire), 80e ligne, 2e b., 3e c., blessé à la tête. † le 3 Septembre à *Courcelles.*

Palat, 80e ligne, 2e b., 6e c., blessé à la hanche. † le 25 Août à *Courcelles.*

Pygin, François, Grand'Combe (Doubs), 36e ligne, 3e b., 5e c., coup de feu au pied. *Caserne neuve, Offenbach.*

Pernes, Gust., Pelvès (Pas-de-Calais), 91e ligne, 1er b., 5e c., coup de feu au pied. *Caserne neuve, Offenbach.*

Peyrelade, Neuvic, 66e ligne, sergent, coup de feu au bras droit. *Ambulance, Bingen s. Rhin.*

Priester, Pierre-François, Folswiller, 87e ligne, coup de feu à la cuisse droite. *Hopital n° 1, Worms.*

Panarioux, Célestin, 2e cuir., 2e esc. *Hopital de réserve, Dessau.*

Paillardy, Pierre-Benj., 16e d'artill , 15e batt. *Hôpital de réserve, Dessau.*

Puech, Hippolyte, Moulins, 40e ligne. *Hôpital de réserve, Weinheim.*

Pillet, Edouard, Médrignac (Côtes-du-Nord), 14e ligne, 2e b. 2e c., blessé. *Hôpital de réserve, Zittau.*

Philippe, François, 48e ligne, 3e b., 3e c., sous-officier. Evacué à *Minden.*

Pichot, Antoine, Chavagnac, 1er zouaves, 1er b., 1e c., contusions au bras gauche. *Hopital de réserve, Zittau.*

Payan, Jacques, St-Julien (Haute-Loire), 45e ligne, 4e c. *Hopital de réserve, Francfort-sur-le-Mein.*

Patois, Félix, 62e ligne, † à *Montoy*, le 6 Septembre.

Penot, 19e d'art., 4e c. *Ambulance à Boulay.*

Planté 90e ligne, 2e c. *Ambulance à Boulay.*

Pellessier, Jean-Baptiste, 76e ligne, 6e c. Evacué sur *Mayence.*

Poil, Jean-Bapt., 4e chass. à ch., 1er esc. Evacué sur *Hanovre.*

Pineau, Jules, Menardine, 94e ligne, 3e c. *Hôpital de réserve 1, Francfort-sur-le-Mein.*

Poirier, 5e ligne. *Cœslin.*

Perchobes, lancier de la garde. *Cœslin.*

Pierlot, 50e ligne. *Cœslin.*

Philippe, 22e ligne. *Cœslin.*

Parfait, 57e ligne, caporal. *Cœslin.*

Préoul, Joseph. Schelestadt, 18e ligne, 4e c., blessé à la jambe droite. *Hôpital de réserve 3, Leipzig.*

Premon, Théoph., Vendeuil, 49e ligne. *Hôpital de réserve, Meiningen.*

Peyrebel, Pierre, Possoulinse, 34e ligne, typhus. *Hopital de réserve, Meiningen.*

Payre, 1er zouaves. *Cœslin.*

Pretat, Jules, St-Bris-d'Auxerre, 1er chass. à pied, 4e c., caporal. *Hopital de réserve 3, Leipzig.*

Palch, Guill , St-Renan, 16e d'artill , 3e b. *Hôpital de réserve 3, Leipzig.*

Plassard, Claude, St-Bonnet, 18e ligne, 4e c., contusion au genou. *Hopital de réserve 3, Leipzig.*

Peroit, Jules, Boulogne sur-mer, 87e ligne, 5e c. *Hopital de réserve 3, Leipzig.*

Peironcelli, Evariste, Sureau, 96e ligne, 8e c., coup de feu au bras g. *Hopital de réserve 3, Leipzig.*

Perret, Charles, Montmorillon (Vienne), 96e ligne, 2e c., blessé au doigt. *Hopital de réserve 2, Leipzig.*

Poulignac, Simon, Faliquier (Aveyron), 83e ligne, 7e c. *Dépôt de prisonniers, Leipzig.*

Paquis, Amable, Haute-Marne, 20e chass. à p., 1e c., blessé. *Dépôt de prisonniers, Leipzig.*

Popin, Aug.-Jos., Dorse (Mayenne), 1er inf. de marine, 2e c. *Dépôt des prisonniers, Leipzig.*

Perrot, Henri, 24e ligne, 1er b., 6e c. *Hopital de réserve, Bützow.*

Peltier, Aug., 24e ligne, 2e b., 5 c. Evacué sur *Hanovre.*

Quessondier, Henri, Offranville (Seine-Inf.), 6e chass. à pied. 1re c. *Hôpital de la Tête du Pont, Wittenberg.*

Quiey, Jacq.-Em., Verray (Savoie), 2e artill. 11e batt. *Hôpital de réserve, Benrath.*

Quéré, Yves. 21e ligne, 1er b., 2e c. *Caserne Welfen, Hanovre.*

Quidor, 57e ligne. *Cœslin.*

Quignaud, E., 1er zouaves. Evacué sur *Ingo'stadt.*

Quinchon, 5e ligne. *Cœslin.*

Quelet, Jean, 16e chass. à pied, typhus. *Erfurt*, † le 10 Octobre.

Ruggere, Pierre, 63e ligne, 3e c. *Hopital de réserve 3. Hanovre.*

Rossen, Jules, 77e ligne, 1re c. *Hopital de réserve 3, Hanovre.*

Ribaille, Victor-Léon, 24e ligne, 4e c. *Hôpital de réserve 3, Hanovre.*

Rondy, Jean, 96e ligne, 3e c. *Hopital de réserve 3, Hanovre.*

Renaud, Jean, 63e ligne, 5e c. *Hopital de réserve 3, Hanovre.*

Reinert, Guillaume, 64e ligne, 2e c. *Hopital de réserve 3, Hanovre.* Evacué sur *Magdebourg.*

Reynier, Baptiste, 10e chass. à pied, 1re c. *Hôpital de réserve 3, Hanovre.*

Roux, Aug., 75e ligne, 5e c., sergent-fourrier. *Hopital de réserve 3, Hanovre.*

Regis, Sauvin, Fromment, 33e ligne, coup de feu au genou droit. *Berlin.*

Robert, Charles, 8e ligne, 2e c. *Hopital de réserve 3, Hanovre.*

Ripierre, Louis, St-Chantieu, 4e ligne, 4e c , dyssenterie. *Caserne des prisonniers, Darmstadt.*

Reignier, Germain, Beeflach, 4e chass. à pied, 6e c. *Caserne des prisonniers, Darmstadt.*

Rauner, Jules, Marmoulier, 4e chass. à pied, 1re c., rhumatismes. *Elisabethstift, Darmstadt.*

Rollin, Pierre, St-Amand (Cher), 21e ligne, 3e b., 4e c., coup de feu au bras droit. *Caserne 20, Wittenberg.*

Royer, Jos., Cessieux (Isère), 73e ligne, 1er b., 4e c. coup de feu à la figure. *Caserne 20, Wittenberg.*

Rigault, Louis, Châteauneuf (Maine-et Loire), 1er lanciers 1er esc. *Hopital du Bastion Danois, Wittenberg.*

Roger, Godefroy, Dury (Somme), 2e zouaves, 3e b., 3e c. *Hôpital du Bastion Danois, Wittenberg.*

Rentenauer, Ph., Eckartwiller (B.-Rhin), 58e ligne, 1er b., 2e c. *Hôpital du Bastion Danois, Wittenberg.*

Rebière, Jean, St-Cyprien (Bordogne), 34e ligne, 1er b., 4e c. *Hôpital de la Tête du Pont, Wittenberg.*

Richard, Emile, Cholet (M.-et-Loire), 10e ligne, 2e b., 5e c., coup de feu à la jambe. *Hôpital de la Tête du Pont, Wittenberg.*

Rochon, Xavier, Pontarion (Creuse), 2e zouaves, 1er b., 4e c , sergent , coup de feu à la cuisse droite. *Hopital de la Tête du Pont, Wittenberg.*

Remond Jules, Sublier (H.-Savoie), 68e ligne, 2e b., 2e c., coups de feu au bras droit et à l'épaule. *Hopital de la Tête du Pont, Wittenberg.*

Raquin, Claude, Iguerande (Saône-et-Loire), 10e artill., 10e batt. *Hopital de la Tête du Pont, Wittenberg.*

Rudinger, Etienne, Guémar (Haut-Rhin), 83e ligne, 2e b., 5e c. *Hopital du Bastion Danois, Wittenberg.*

Roques, Albert, Albi (Tarn), 28e ligne, 3e b., 2e c. *Hopital de la Tête du Pont, Wittenberg.*

Rénier, André, Créon (Gironde), 58e ligne, 1er b., 1re c. *Hopital maison Gast, Wittenberg.*

Richard, François, 12e ligne, 6e c., caporal. *Hôpital de réserve 3, Hanovre.*

Robois, Pierre, 28e ligne 6e c., caporal. *Hopital de réserve 3, Hanovre.*

Reverté, Jules, Roubaix, 65e ligne, 3e c., dyssenterie. *Hôpital de réserve 1, Leipzig.*

Rivière, Pierre, génie, 1re c. *Hopital de réserve 1, Bonn.*

Richet, François, 29e ligne. 5e c. *Hopital de réserve 1, Bonn.*

Ridon, Jean, Bagnet, 25e ligne, 1er b., 5e c , blessé à la tête. *Sarrelouis (Wallerfangen).*

Rodier, Octave, 67e ligne. *Hôpital de réserve, Hanovre.*

Rolin, Paul, 3e ligne. *Hôpital de réserve, Hanovre.*

Ruias, Joseph, 3e zouaves, 5e c. *Hopital de réserve, Hanovre.*

Rouhier, Louis, 77e ligne, 2e c., caporal. *Hopital de réserve, Hanovre.*

Rey, Paul, Navesse, 34e ligne, 2e c., dyssenterie. *Hopital de réserve 1, Leipzig.*

Rochard, Réné, Chaudefonds, 3e train des équip., dyssentcrie. *Hopital de réserve 1, Leipzig.*

Remond, Antoine, 75e ligne. 2e c. *Hop'tal de réserve 3, Hanovre.*

Remaud, Ferd., au Luc, 1er ligne, 3e c. *Hôpital militaire, Spandau.*

Ravenelle. Théph., Laval ou La Valle. 21e ligne, 8e c. *Hôpital militaire, Spandau.*

Richard, Gustave, 100e ligne, 3e c. *Hopital de réserve 3 Hunovre.*

Rives. Alf.-Em , Castres, 6e ligne, 6e c. *Hopital militaire, Spandau.*

Rollet, Pascal, 3e ligne, 5e c. *Hopital de réserve 3, Hqnovre.*

Rivoire, Etienne, 23e ligne, 6e c. *Hopital de réserve 3, Hanovre.*

Rivière, Joseph, 1er ligne, 4e c. *Hopital de réserve 3 Hanovre.*

Rousseau, D., Grangeltes, 66e ligne, blessé. *Hopital militaire, Carlsruhe.* Evaçué.

Ravaud, Alfred-Marc., Ile-de-France, 7e chass. à pied, 2e c., coup de feu au pied gauche. *Baraques, Mannheim.*

Rovert, Albin, Vitry-aux-Loges, 74e l'gne, 1er b., blessé à l'œil droit. *Baraques, Mannheim.*

Rotaboul, Pierre, 97e ligne, 3e b., 7e c. *Baraques, Bréme.*

Roverol, Aug., 67e ligne, 1er b., 3e c. *Baraques, Bréme.*

Rique, Eloi, 6e ligne, 3e b., 4e c. *Baraques, Bréme.*

Rossignol, Jean, 28e ligne, 1er b , 4e c. *Baraques, Bréme.*

Rivière (La), Ludovic. Mareuil (Dordogne) 25e ligne. *Hopital de réserve, Meiningen.*

Robin, Armand, Nantes, 99e ligne. *Hopital de réserve, Meiningen.*

Rochet, François. La Plaine (Loire-Inf.), 99e ligne, *Hopital de réserve, Meiningen.*

Rodier, Claude, Saled (Puy-de-Dôme), 45e ligne. *Hopital de réserve, Meiningen.*

Roy, Louis, 1er chass. à pied 6e c, *Baraques, Bréme.*

Ricard, Jean, 3e grenad. de la garde, 2e b , 2e c. *Baraques, Bréme.*

Robert, Victor-Félix 9e cuirass., 2e esc., maréchal-des-logis. *Baraques, Bréme.*

Rouillé, Eug., 33e ligne, sergent. *Maison de santé, Bréme.*

Reillart, Martial 2e artill. 10e batt. Guéri et évacué sur *Posen.*

Rayon, Eugène. Montferrat (Isère), 93e ligne, 3e b , 3e c., dyssentcrie. *Arsenal à Mannheim.*

Roche, Victor, Vienne, 17e ligne, 2e b., 2e c. *Arsenal à Mannheim.*

Ramousse, Etienne-Math., 62e ligne, 4e b., 4e c. Evacué sur *Cosel.*

Roël, François Emile, 20e artill. monté. Evacué sur *Cosel.*

Rougier, Bertrand, 5e hussards, 2e esc. Evacué sur *Cosel.*

Roubertie, Simon, Ste-Innocente (Dordogne), 10e sect. d'ouvriers d'administration. *Hopital de réserve, Benrath.*

Renoni, Armand, La Neuville, 10e ligne, coup de feu à la mâchoire. *Hopital de réserve, Schwetzingen.*

Richet, Aimé, Fresnoy-le-Gr. (Aisne), 57e ligne, 4e c , caporal, coup de feu à la cuisse et au pied. *Hôpital de réserve, Benrath*

Rabillon, Pr., Triguères, 74e ligne, coup de feu au bras droit. *Hopital de réserve, Schwetzingen.*

Rousseau, R., Paris, 50e ligne. *Hopital de réserve. Schwezingen.*

Ronsin, Jules, 21e ligne, typhus. † le 6 Octobre à *Erfurt.*

Rolland, Henri, 12e artill., typhus. † le 10 Octobre à *Erfurt.*

Raimond, Jacques, 83e ligne, typhus. † le 10 Octobre à *Erfurt.*

René, Cador, 45e ligne, typhus. † le 11 Octobre à *Minden.*

Rouault, Joseph, 18e ligne, 1er b., 2e c., typhus. † le 5 Octobre à *Carthausen.*

Renaud, Claude, 18e ligne, 2e b , 2e c., typhus. † le 8 Octobre à *Carthausen.*

Riant, n° matric. 1961, 17e chass. à pied., typhus. † le 9 Octobre à *Carthausen.*

Rambourg, Gabriel-François, Paris, 49e ligne, 8e c., caporal. *Hopital de réserve, Meiningen.*

Roux, Antoine, Tremblay (Saône-et-Loire), 46e ligne, 1er b., 4e c., caporal, coup de feu à la hanche gauche. *Hopital de réserve, Zittau.*

Renoux, Pierre, Dunkerque (Nord), 26e ligne, 2e b., 2e c., coup de feu à la jambe et cuisse. *Hôpital de réserve, Zittau.*

Ranger, Philibert, Chapellenot (Saône-et-Loire), 61e ligne, 2e b., 4e c., coup de feu aux deux cuisses. *Hôpital de réserve, Zittau.*

Rimbert, Augus'e, Poiré (Vendée), 80e ligne, 2e b., 3e c., fracture du crâne et de la cuisse. † le 8 Septembre à *Courcelles.*

Resmac, Joseph, 87e ligne, 7e c. *Hôpital de réserve, Dessau.*

Rathery, Victor, Paris, 51e ligne, coup de feu aux deux cuisses. † le 26 Août à *Juville*

Rousset, Claude, 91e ligne, 6e c., caporal, coup de feu à la jambe droite. † le 21 Septembre à *Mars-la-Tour*.

Ramdhau ben Ali, Tagrif (Algérie), 1er turcos, 4e b., 5e c , coup de feu à l'épaule gauche. *Caserne Neuve à Offenbach.*.

Ravix, Etienne, Grenoble, 34e ligne, dyssenterie. *Bingen-s/Rhin.*

Raffin Eugène, Pinsot (Isère), 2e garde, 2e b., coup de feu au coude gauche. *Hôpital 1, Worms.*

Rey-Masson, Pierre, Sées (Ille-et-Vilaine), 86e ligne, 1er b., 4e c., contusion à l'épaule droite. *Hôpital de réserve Zittau.*

Radamak, Olivier, 78e ligne 3e b., 4e c. *Caserne Welfen, Hanovre.*

Remy, Louis, 19e ligne. † le 18 Octobre à *Montoy*.

Renkly, Dominique, Wattwiller, 73e ligne, 2e b., 2e c., coup de feu au côté gauche. *Ambulance à Noviant.*

Reimbold, Antoine (Bas-Rhin), 5e légion de gendarmerie. *Hôpital de réserve, Zittau* (guéri).

Roché Théodore, Charaux (Jura), 27e ligne, 2e b., 2e c., coup de feu à la cuisse droite. *Hôpital de réserve, Zittau.*

Revert, Jacques-Ad., Elbeuf, 21e ligne, 1er b., 7e c., contusion par grenade. *Hôpital de réserve, Zittau* (guéri).

Ranck, G., Bitche, 88e ligne, sergent. *Hôpital de réserve, Francf.-s/M.*

Remy, Louis. † le 18 Octobre à *Montoy*.

Reury, Julien, 3e zouaves, 2e c., caporal. Evacué sur *Mayence*.

Ragot, Louis (Isère), 46e ligne, 4e c. *Hôpital de réserve, Francfort-s/M.*

Renne, P., Paris, 1er turcos, blessé. *Hôpital de réserve, Schwetzingen.*

Rader ben Abdel, Oran, 2e turcos, en convalescence. *Hôpital de réserve, Schwetzingen.*

Robaou ben Adj., Alger, 1er turcos, coup de feu à la jambe. *Hôpital de réserve, Schwetzingen.*

Rouby, 74e ligne. *Cœslin.*

Roux, 2e artill. *Cœslin.*

Roche, 56e ligne. *Cœslin.*

Remon, 91e ligne. *Cœslin.*

Renou, 93e ligne. *Cœslin.*

Richard, 7e ligne. *Cœslin.*

Rebut, François, 3e ligne, caporal, blessé. Evacué sur *Ingolstadt*.

Renaud, 100e ligne. *Cœslin.*

Renon, 1er ligne. *Cœslin.*

Roise, Victor, St-Agnin (Isère), 82e ligne, 5e c., éclat de grenade à l'épaule. *Hôpital de réserve 2, Leipzig.*

Roche, Pierre, Lubars (Moselle), 2e zouaves, 1er b. *Hôpital de réserve 2, Leipzig.*

Richter, Stanislas, St-Beatrix (Indre-et-Loire), 5e artill., 3e batt. *Hôpital de réserve 2, Leipzig.*

Rodes, Jean, Betalille (Lot), 53e ligne, 3e b. *Dépôt des prisonniers à Leipzig.*

Rougeau, R., Toulouse, 1er ligne, 6e b , coup de feu à l'épaule droite. *Dépôt des prisonniers à Leipzig.*

Richet, François, 29e ligne, 2e b., 5e c. *Hôpital de réserve à Butzow.*

Rochette, J., 3e zouaves, caporal. Evacué sur *Ingolstadt*.

Rochon, 9e ligne. *Cœslin.*

Rèvière, Pierre, 1er génie, 1re c. *Hôpital de réserve, Butzow.*

Sauvaget, Charles, 63e ligne, 4e c. *Hôpital à Hanovre.* Evacué sur *Magdebourg*.

Siozard, Jean, 3e chasseurs à pied, 3e c. *Hôpital de réserve 3, Hanovre.* † le 15 Septembre de blessures.

Siffert, Hippolyte, 10e ligne, 1re c. *Hôpital de réserve 3, Hanovre.*

Schweitzer, Mathias, 40e ligne, 2e c. *Hôpital de réserve 3, Hanovre.*

Sievert, François, 63e ligne, 2e c. *Hôpital de réserve 3, Hanovre.* Evacué sur *Magdebourg*.

Satabe, Victor, zouaves, 2e b , 6e c. *Hôpital de réserve 3, Hanovre.*

Stephan, Jean, 10e dragons. *Hôpital militaire à Coblence.*

Savoye, V.-P.-E., 10e chasseurs à pied, 4e c., sous-lieutenant. *Hôpital militaire à Coblence.*

Saam, Peter, 3e parc artill., ouvrier. *Hopital militaire à Coblence.*

Schuard, Pierre, Fouilletourte, 64e ligne, 4e c. *Hôpital de réserve à Görlitz.*

Saas, Jacques, Munster (Bas-Rhin), 76e ligne, 2e c., caporal. *Hôpital de réserve à Gœrlitz.*

Simon, Louis-Jos., St-Etienne, 6e artill., 8e b., brigadier. *Hôpital militaire, Spandau.*

Salomon, Charles. Corcelles, 7e artill, 3e batt. *Hopital militaire, Spandau.*

Stale, Prosper, Anfrouville, 7e ligne, 1re c, dyssenterie. *Caserne des prisonniers à Darmstadt.*

Sachet, Jean, Racherehais, 1er (?), 4e c., abcès. *Caserne des prisonniers à Darmstadt.*

Streumann, Michel, Kaysersberg, 6e chass. à cheval, 3e esc. *Elisabethstift à Darmstadt.*

Schoufflard, Henri, St-Just-en-Posus, 4e chass. d'Afrique, 3e esc, gastrite. *Elisabethstift à Darmstadt.*

Strauel, Léonard, Grussenheim (Haut-Rhin), 20e artill., 2e batt., coup de feu à la cuisse droite. *Caserne 20 à Wittenberg.*

Sevin, Augustin, 1er ligne, 2e b., 4e c., caporal, coup de feu à l'épaule droite. *Caserne 20 à Wittenberg.* Parents morts.

Sauriat, François, Eygny-s/M. (Marne), 34e ligne, 1er b., 1re c. *Hopital du bastion Danois à Wittenberg.*

St-Mohic, J.-M., Naël-Cohaix (Côtes-du-Nord), 34e ligne, 1er b., 6e c. *Hôpital du bastion Danois à Wittenberg.*

Schiffmacher, G., Mulhouse (Haut-Rhin), 45e ligne, 3e b., 5e c. *Hôpital du bastion Danois, Wittenberg.*

Stampfler, W., Zaesingen (Haut-Rhin), 53e ligne, 2e b., 1re c. *Hôpital du bastion Danois à Wittenberg.*

Schmidling, Ch., Talerin (Haut-Rhin), 34e de ligne, 1er b., 1re c. *Hopital du bastion Danois à Wittenberg.*

Serre, Gabriel, Cuzance (Lot), 83e ligne, 3e b., 1re c., gravement malade. *Hopital de la Tête-de-Pont à Wittenberg.*

Soulard, Aimé, Avrillé (Vendée), 83e ligne, 2e b., 5e c. *Hopital de la Tête-de-Pont à Wittenberg.*

Simon, André, Mittelhausen (Bas-Rhin), 89e ligne, 2e b., 5e c. *Hopital de la Tête-de-Pont à Wittenberg.*

Simon, H.-R., Fleury (Meuse), 61e ligne, 1er b., 1re c, sergent. *Hopital de la Tête-de-Pont à Wittenberg.*

Streger, Sébastien, Rixheim (Haut-Rhin), 12e ligne, 2e b., 2e c. *Hopital de la Tête-de-Pont à Wittenberg.*

Sabonadière, Auguste, Aiguèse (Gard), 34e ligne, 2e b., 4e c. *Hopital du bastion Danois à Wittenberg.*

Schmitt, Jos., Molsheim (Bas-Rhin), 2e artill., 7e batt. *Hopital du bastion Danois à Wittenberg..*

Sabattier, P.-G., Lyon, place de la Croix-Rousse, 12 ligne, 1er b., 2e c. *Hopital maison Gast à Wittenberg.*

Senetti, L., Vienne, 19e chasseurs à pied, 3e c., blessé au mollet gauche. *Hopital de la Tête-de-Pont à Wittenberg.*

Samson, J.-M., 43e ligne, 5e c. *Hopital de réserve à Görlitz.*

Simon, Joseph, 40e ligne, 3e c. *Hôpital de réserve 3, Hanovre.*

Sire, Charles, 38e ligne, 2e c. *Hôpital de réserve 3, Hanovre.*

Salah ben Achmed, 3e turcos, 3e c. *Hôpital de réserve 3, Hanovre.*

Simon, Julien, 45e ligne, 6e c. *Hôpital de réserve 3, Hanovre.*

Soirat, Elie, 21e ligne, 1re c. *Hopital de réserve 3, Hanovre.*

Sibillon, Théophile, 94e ligne, 1re c. *Hôpital de réserve 3, Hanovre.*

Serrecomanez, J.-B., Soël, 89e ligne, 5e c. *Hôp. de rés. 1, Leipzig.*

Schwuetz, Charles, Mulhouse, 68e ligne, 1re c., dyssenterie. *Hôpital de réserve 1, Leipzig.*

Stecher, Félix, Rosenwiller, 4e cuirassiers, 5e esc. *Hôpital de réserve 1, Leipzig.*

Strabel, Jean, 49e ligne, 5e c. *Hopital de réserve 3, Hanovre.*

Silvani, Paul, 56e ligne, 2e c. *Hopital de réserve 3, Hanovre.*

Sotz, Raymond, Cussac, 58e ligne, 6e c. *Hôpital militaire, Spandau.*

Salmon, Louis, Goutières, 78e ligne, 2e c. *Hôpital militaire, Spandau.*

Simon, Louis-Joseph, St-Etienne, 6e artill., 8e batt., caporal. *Hopital militaire, Spandau.*

Simonin, Joseph, Rebreville, 58e ligne, 2e c. *Hôpital militaire, Spandau.*

Stuck, Joseph, St-Blaudite, 47e ligne, 2e c. *Hopital militaire, Spandau.*

Solcier, Antoine, St-Pierre-Routival, 96e ligne, 3e c. *Hôpital militaire, Spandau.*

Sauvé, François, 74e ligne, 2e c., sergent. *Hopital de réserve 3, Hanovre.*

Salion, Jean, Ploube, 58e ligne, 3e c. *Hôpital militaire, Spandau.*

Saralle, Emile, 61e ligne, 5e c. *Hopital de réserve 3, Hanovre.*

Santirelli, Pierre, 28e ligne, 6e c. *Hopital de réserve 3, Hanovre.*

Savart, Alphonse, 1er chasseurs à pied, 5e c. *Hopital de réserve 3, Hanovre.*

Sutra, Antoine, Saint-Martin-de-Caralpe (Ariège), 2e chasseurs à pied, 5e c. *Hopital général à Mannheim.*

Sarin, A , Champagny (Saône-et-Loire), 13e ligne, blessé. Evacué sur *Ingolstadt.*

Salimen ben Mittan, 1er turcos, 4e c. *Hôpital de réserve 3, Hanovre.*

Simon, François, 28e ligne, 5e c., sergent. *Hôpital de réserve 3, Hanovre.*

Sauvage, Jean, 28e ligne, 3e c. *Hopital de réserve 3, Hanovre.*

Sabouroux, Alex., 2e zouaves, 5e c., sergent-fourrier. *Hopital de réserve 3, Hanovre.*

Sylvestre, Louis, 94e ligne, 3e b., 2e c., caporal. *Baraques à Brême.*

Sabadieu ou Sabatier, Antoine, Cette, 50e ligne, 1er b., 6e c., coup de feu à la cuisse gauche. *Baraques à Brême.*

Servian, François, Pouilloux (Saône-et-Loire), 61e ligne, 3e b., 6e c., coup de feu au bras droit. *Baraques à Brême.*

St-Baptiste, François, Menarmont (Vosges), 33e ligne, 4e c., coup de feu à la jambe droite. *Baraques à Brême.*

Sauvé, Prudent, 73e ligne, 2e b., 6e c. *Baraques à Brême.*

Sypery, Charles, 13e chass. à pied, 5e c., caporal. *Baraques à Brême.*

Schotter, François-Xavier, Ittenheim (Bas-Rhin), 68e ligne. *Hop. de rés., Meiningen.*

Séré, Jean, Orthez (Basses-Pyrénées), 88e ligne. *Hop. de rés., Meiningen.*

Sidon, Jean, Magnicourt (Nièvre), 4e artill. *Hóp. de rés., Meiningen.*

Simon, Jean, 51e ligne, 1er b., 10e c. *Baraques à Brême.*

Sallard, François, 64e ligne, 2e b., 2e c. *Baraques à Brême.*

Schwob, Denis, 63e ligne, 1er b., 5e c. *Baraques à Brême.*

Saguiat, Jean-Baptiste, 2e cuirassiers, 4e esc. *Baraques à Brême.*

Simeon, Léopold, 5e hussards, 5e esc. *Baraques à Brême.*

Sylvain, Auguste, 48e ligne, 1er b., 4e c., caporal. *Baraques à Brême.*

Scelles, Alfred, 74e ligne, 1er b , 2e c. *Baraques à Brême.*

Saleh ben Taleb, 3e turcos, 2e b., 4e c., caporal. Guéri et évacué sur *Posen.*

St-Marc, Joseph, Villeneuve des-Landes, 62e ligne, 1er b., 3e c., sous-officier. *Arsenal à Mannheim.*

Sarrière, Louis, Vallon (Ardèche), 56e ligne, 1er b., 1re c., coup de feu au bras. *Ambulance hollandaise à Mannheim.*

Senelar, Gustave, 62e ligne, 4e b., 2e c. Evacué sur *Cosel.*

Sire, Jean-Léon, Chennecey (Doubs) 5e cuirassiers, 1er esc. *Hopital de réserve à Benrath.*

Soualan, Jean, Quimper, 6e lanciers, 5e esc. *Hopital de réserve à Benrath.*

Sirault, Alcide, Coves, 94e ligne. *Hopital de réserve, Schwetzingen.*

Salli, Louis, Limanche, 64e ligne, en convalescence. *Hôpital de réserve, Schwetzingen.*

Serpillon, Achille, Rouvray (Côte-d'Or), 5e cuirass., dyssenterie. † le 8 Octobre à *Glogau.*

Stoll, Antoine, 2e zouaves, dyssenterie. † le 9 Octobre à *Mayence.*

Schmitt, Auguste Elsenheim (Bas-Rhin), 5e cuirassiers, typhus. † le 10 Octobre à *Posen.*

Sittler, Laurent, 7e ligne, typhus. † le 10 Octobre à *Stettin.*

Schneider, Jean, (No matricule 2594), 52e ligne, coup de feu à la jambe gauche. *Givonne*, †.

Schlæf, G., Unguewiller (B.-Rhin), 56e ligne, 1er b., 2e c., sergent, contusion par grenade au genou. *Hopital de réserve, Zittau.*

Sanday, 80e ligne, 3e b., 4e b., coup de feu à la cuisse. *Ambulance de Courcelles*, † le 27 Août.

Souque, Jos., Castillon (Ariège), 78e ligne, 1er b., 4e c., mutilation de la machoire inf. *Caserne Offenbach.*

Sabatier, Jos., 36e ligne, 1er b., 6e c., amputé du bras droit. *Caserne neuve, Offenbach.*

Said-ben-hadj, turcos, coup de feu à la jambe droite. *Caserne neuve, Offenbach.*

Salin, Gabriel, Bitsch (Mos.), 76e ligne, 3e b., 4e c. coup de feu au genou gauche. *Hopital 1, Worms.*

Sigrist, Georges, Sundhausen, 2e ligne, coup de feu au genou gauche. *Ambulance, Bingen-s/R.*

Sommer, Jules, Meusnes (Loir-et-Cher), 94e ligne, 4e c., coup de feu au bras. *Worms, Fabrique Molos.*

Simon, J.-B.-L., Ste-Marie-aux-Mines (H.-Rhin), 57e ligne, 6e c., coup de feu à la cuisse dr. *Worms, Fabrique Melos.*

Schlupp, Michel, Mutzenhausen, 2e garde, 2e b., coup de feu à la cuisse droite. *Hopital 1, Worms.*

Segret, Cyprin, Chainaz (H.-Savoie), 28e ligne, 2e b., coup de feu à la jambe dr. *Hopital 1, Worms.*

Schmitt, Jos.-Aug., douanier. *Hopital de réserve, Dessau.*

Steibli, Jacob, 2e zouaves, 3e b. *Hôpital de réserve, Dessau.*

Silvani, Jérôme-André, 77e ligne, 3e b., caporal coup de feu à la poitrine. *Ars-sur-Mos.* † le 24 Août.

Sylvestre, T., 2e zouaves, 5e c., sous-officier. Evacué sur *Minden.*

Salomon, Isidore, 44e ligne, 1er b., coup de feu à la jambe. *Ambulance des Etangs.*

Saborau, Al , 2e zouaves, 5e c., sergent-fourrier. Evacué sur *Hanovre.*

Sylvani, François, 56e ligne, 2e c. Evacué sur *Hanovre.*

Schlachter, Aug., Morschwiller, 1er inf. de marine, 2e b. *Hopital de réserve, Francfort-sur-le-Mein.*

Sauvage, Aug., Sancoins, 2e zouaves, 3e b. *Hopital de réserve, Francfort-sur-le-Mein.*

Sarrau, Pr., Langon, 50e ligne, coup de feu à la poitrine. Guéri. *Hôpital de réserve, Schwetzingen.*

Sarozette, Jean, Aurillac, 48e ligne, blessé à la jambe gauche. *Hopital de réserve, Schwetzingen.*

Said-ben-hamed, Alger, 3e turcos, amputé de la jambe gauche. *Hopital de réserve, Schwetzingen.*

Salayer, Jean, Bardies, 11e ligne, rhumatismes. *Hopital de réserve, Schwetzingen.*

Siebaut, Jean, Paris, 74e ligne, blessé. *Hôpital de réserve, Schwetzingen.*

Sotie, 56e ligne. *Cœslin.*

Suall, 19e artill. *Cœslin.*

Sive, François, Chevigney, Jura, 10e ligne, tambour. Evacué sur *Ingolstadt.*

Sagnier, 1er hussards, brigadier. *Cœslin.*

Santucci, 7e ligne, caporal. *Cœslin.*

Saintaignon, Aimable, Marseille, 1er artill., 13e batt , brigadier, contusion à la jambe gauche. *Hôpital de réserve 3, Leipzig.*

Sachery. Emile, Mossevaut, 1er cuirass., 3e esc. *Hopital de réserve 3, Leipzig.*

Stadler, Désiré, (Pas-de-Cal), 87e ligne, 4e c., coup de feu au doigt. *Hôpital de réserve 2, Leipzig.*

Schanté, Jacques, Eichenbourg (Barr.), 87e ligne, 5e c., blessé. *Hopital de réserve 2, Leipzig.*

Seyd, M., Vieilles Landres (Ard), 1er zouaves, 1re c. *Hôpital de réserve 2, Leipzig.*

Sibour, Elie, St-Téréol (Drôme), 1er lanciers, 5e esc. *Dépôt des prisonniers, Leipzig.*

Sire, Jean-Jos., St-Julien-de-Bec (Aude), 72e ligne, 4e c. *Dépôt des prisonniers, Leipzig.*

Sueur, Henri-François, 40e ligne, 6e c. Evacué sur *Hanovre.*

Simon, 73e ligne. *Cœslin.*

Tolmer, Constant, 77e ligne, 1re c. *Hopital de réserve 3, Hanovre.*

Thiéry, Charles, 94e ligne, 5e c., sergent. *Hopital de réserve 3, Hanovre.*

Thouvenin, Antoine, 63e ligne, 2e c. *Hopital de réserve 3, Hanovre.* Evacué sur *Magdebourg.*

Toussaint, G., Villeret, 1er cuirassiers, 3e esc. *Clinique à Giessen.*

Tessayre, Etienne, Montalieu, 2e cuirass., 2e esc. *Elisabethstift à Darmstadt.*

Traye, Jos., Pecherie, près St Dié, 25e ligne, 2e b., 2e c. *Caserne 20 à Wittemberg.*

Tournier, Jean, Au Céry (Aveyron), 94e ligne, 3e b., 4e c., coup de feu à la main gau.he. *Caserne 20, Wittemberg.*

Turque, Alex., Chenelle (Loire), 6e chass. à pied, 4e c. *Hopital du bastion Danois à Wittenberg.*

Travers, Auguste, Nehou (Manche), 10e ligne, 1er b., 4e c., blessé au bras. *Hopital du bastion Danois à Wittenberg.*

Tabot, Mathurin, Quoloir, près La Trinité (Morbihan), 34e ligne, 1er b., 5e c., clairon. *Hopital du bastion Danois à Wittenberg.*

Triat, Jean, Mornas (Vaucluse), 93e ligne, 2e b., 4e c. *Hôpital du bastion Danois à Wittenberg.*

Théome, Alex., Neuville (Somme), 75e ligne, 1er b., 6e c., blessé à la cuisse gauche. *Hopital de la Tête-de-Pont à Wittenberg.*

Thiollier, Jean, St-Joseph (Loire), 83e ligne, 1er b., 4e c. *Hôpital du bastion Danois à Wittenberg.*

Thetin, Emile, 72e ligne, 5e c. *Hopital de réserve 3, Hanovre.*

Terolle, Etienne, 82e ligne, 3e c. *Hopital de réserve 3, Hanovre.*
Toussaint, Henri, 40e ligne, 2e c. *Hopital de réserve 3, Hanovre.*
Tanguy, Guillaume, 63e ligne, 2e c., caporal. *Hopital de réserve 3, Hanovre.*
Tanguy, Christian, Kernével, 64e ligne, 1er b., 2e c., blessé à la tête. *Sarrelouis (Wallerfangen).*
Teissier, Jean, Plenchatel, 2e ligne, 1er b., 6e c., coup de feu à l'épaule gauche. *Sarrelouis (Wallerfangen).*
Trudon, Emile, 2e ligne, 5e c. *Hôpital de réserve, Hanovre.*
Tessier, Jean, Nozay, 68e ligne, 3e c., dyssenterie. *Hôpital de réserve 1, Leipzig.*
Turpin, Laurent, 46e ligne, 5e c., blessé au genou droit. *Hôpital de réserve 1, Leipzig.*
Tos, Jean-Baptiste, 88e ligne, 3e c., *Hôpital de réserve 3, Hanovre.*
Tellier, Alex., 25e ligne, 1re c. *Hôpital de réserve 3, Hanovre.*
Tarragon, Jules, 63e ligne, 6e c., sergent-major. *Hôpital de réserve 3, Hanovre.*
Trocourt, Jos., 93e ligne, 3e c. *Hôpital de réserve 3, Hanovre.*
Thiriat, Victor, Chars, 58e ligne, 2e c. *Hôpital militaire, Spandau.*
Tauchel, Louis, Toupleuve, 58e ligne, 1re c., sergent. *Hôpital militaire, Spandau.*
Trabach, Constant, Rugilie, 8e artill., 3e batt. *Hôpital militaire, Spandau.*
Teck, Georges, 11e ligne, 3e c., caporal. *Hôpital de réserve 3, Hanovre.*
Tauzin, Louis, Aire-sur-l'Adour, 3e zouaves, 1re c. *Hombourg, v. de H.*
Taddei, Louis, Omeri (Corse), 67e ligne, 5e c., coup de feu à la jambe gauche. *Seilerbahn à Mannheim.*
Tessanier, J., Périgueux (Dordogne), 50e ligne, blessé. Evacué sur *Ingolstadt.*
Teissère, Jean-Baptiste, 67e ligne, 2e c. *Hôpital de réserve 3, Hanovre.*
Tomi ben Eddar, Alger, 2e turcos, 2e b., 2e c., coup de feu à la jambe gauche. *Baraques à Mannheim.*
Teyrac, A., 32e ligne, 1er b., 3e c. *Baraques à Brême.*
Terasson, Jean, 24e ligne, 3e b., 1re c. *Baraques à Brême.*
Tiss, Jos., Berg (Moselle), 66e ou 67e ligne, coup de feu au genou. *Hôpital de réserve, Meiningen.*
Terne, Guillaume, 55e ligne, 3e b., 4e c. *Baraques à Brême.*
Teyssier, Baptiste, Chambon (Ardèche), 5e lanciers, 5e c. *Hôpital de réserve, Benrath.*
Thomas, Jean-Baptiste, Montluçon (Allier), 45e ligne, 5e c. *Hôpital de réserve, Benrath.*
Théon, Guillaume, Querrien (Finistère), 44e ligne, 7e c. *Hôpital de réserve, Benrath.*
Tisserant, Jean, Beaune, 3e dragons, éclat de grenade au coude. *Hôpital de réserve, Schwetzingen.*
Trinéard, François, Alais, 98e ligne en convalescence. *Hôpital de réserve, Schwetzingen.*
Thiac, Jean, Montferrand, 72e ligne, 2e b., 5e c., fièvre cérébrale. † le 30 Septembre à *Posen.*
Thomas, Pierre, 5e cuirassiers, 3e esc., typhus. † le 11 Octobre à *Erfurt,*
Touchais, François-Jacques-Marie 8e chasseurs à pied, 6e c. † le 9 Octobre à *Carthausen.*
Tessier, Pierre, 7e artill. † le 11 Octobre à *Stettin.*
Triboulet, Hipp.-Val., Bedouin (Vaucluse), 47e ligne, 3e b., 6e c., blessé. *Hôpital de réserve, Zittau.*
Tourgny, François, Villers (Doubs), 8e artill., 3e batt. *Hôpital de réserve, Zittau.*
Tourquemin, Henri, 4e hussards, 1er esc. *Hôpital de réserve, Brieg.*
Thomas, Claude, St-Etienne (Loire), 12e artillerie, 9e batt., brigadier fracture de la cuisse. *Caserne neuve à Offenbach.*
Tescourt, Alfred, Mery (Marne), 21e ligne, 3e b., 5e c., petite vérole. *Caserne neuve à Offenbach.*
Truphême, Antoine, 78e ligne, 2e b., 4e *Caserne Welfen à Hanovre.*
Toussaint, Dav., 56e ligne, 2e b., 3e c. *Caserne Welfen à Hanovre.*
Thomas, Emile, 43e ligne, 2e b., 6e c., fourrier. Evacué sur *Minden.*
Travertier, Em.-Ferdinand Cornas (Ardèche), 88e ligne, 3e b., 2e c. coup de feu au dos. *Hôpital de réserve, Zittau.*
Toussaint, Louis, 7e ligne. † le 9 Septembre de blessures aux *Etangs.*
Tarragon, Jules, 63e ligne, sergent-major. Evacué sur *Hanovre.*
Tusseire, B., Tourette, 56e ligne 4e c. *Hôpital de réserve 1, Francf.-s/M.*
Tunis, Louis, Beaumont, 2e grenadiers de la garde, 4e b. *Hôpital de réserve 1, Francf.-s/M.*
Tetard, 3e artill., brigadier. *Cœslin.*
Tessier, 50e ligne. *Cœslin.*
Tessier, 7e ligne. *Cœslin.*
Tupain, 28e ligne. *Cœslin.*
Tasimier, Félix. Evacué sur *Hanovre.*

Ussord, Elienne, Saintoin, 47e ligne, 1e c., dyssenterie. *Hopital de réserve, Darmstadt.*
Uthureil, Pierre, 66e ligne, 4e c. *Hopital de réserve 3, Hanovre.*
Usou, Pierre, St-Privé (Gironde), 50e ligne, 3e b., 2e c. coup de feu à la poitrine. *Baraques, Mannheim.*

Voudenet, Gabriel, 2e zouaves, 4e c., sergent-major. *Hôpital de réserve 3, Hanovre.*
Vacher, Jean, 93e ligne, 2e c. *Hôpital de réserve 3, Hanovre.*
Verger, Louis, 1er ligne, 1e c. *Hopital de réserve 3, Hanovre.*
Volas, Hippolyte, 40e ligne, 4e c. *Hopital de réserve 3, Hanovre.*
Vion. Marc, 40e ligne, 3e c. *Hopital de réserve 3, Hanovre.*
Valentin, Alphonse, 67e ligne, 4e c. *Hopital de réserve 3, Hanovre.*
Vourand, William, Chavigny-lès-Nancy, 57e ligne, 1e c. *Hopital de réserve, Gœrlitz.*
Vœgelin, Charles, Strasbourg, 12e chass. à p., 6e c. *Hopital de réserve Gœrlitz.*
Vidal, Simon, St-Sidac, 36e ligne, 7e c., désarticulation de deux doigts. *Hopital de réserve, Worms.*
Viry, Georges, Rochespon, 94e ligne, 4e c., dyssenterie. *Elisabethstift à Darmstadt.*
Veltz, Jos., Bas-Rhin, 57e ligne, 1er b., 6e c., coup de feu à l'épaule gauche. *Caserne de Wittenberg.*
Vogel, Jacques, Hoenheim (Bas-Rhin), 99e ligne, 1er b., 5e c. *Caserne de Wittenberg.*
Villard, François, Palnau (Charente), 34e ligne, 2e b., 6e c. *Hôpital du Bastion danois, Wittenberg.*
Veray, G., Barbantal (B.-du-Rhône), 82e ligne, 1er b., 3e c. *Hôpital du Bastion danois, Wittenberg.*
Vignal, W., Folkstone (Angleterre), 9e chass. à p., 3e c. *Hôpital du Bastion danois, Wittenberg.*
Vasseur, Aimé, Villers-les-Forges (Ard.), 1er génie, 2e b., caporal, dyssenterie. *Hôpital de la Tête du Pont, Wittenberg.*
Villars, Jos., Murmé (Isère), 89e ligne, 1er b., 6e c. blessé au bras et au côté gauche, *Hopital de la Tête du Pont, Wittenberg.*
Velin, Isidore. St-Antoine (Isère), 89e ligne, 2e b., 2e c., blessé au côté droit. *Hôpital de la Tête du Pont, Wittenberg.*
Vergnes, Pierre, Lodève, 36e ligne, 3e b., 6e c. *Hôpital de la Tête du Pont, Wittenberg.*
Voisin, Emile, Vimoutiers, 18e ligne, 5e c., dyssenterie, *Hopital de réserve 1 Leipzig.*
Veillerot, Jos., Dijon, 12e artill. de mar., dyssenterie. *Hôpital de réserve 1, Leipzig.*
Vinot, Charles, 40e ligne, 1e c. *Hopital de réserve 3, Hanovre.*
Valmalla, Gaston, 67e ligne, 1e c., caporal. *Hopital de réserve 3, Hanovre.*
Vince, Victor, 75e ligne, 4e c. *Hopital de réserve 3, Hanovre.*
Verdavoine, Ph., 61e ligne, 4e c. *Hopital de réserve 3, Hanovre.*
Vincentelli, Antoine, Vivario, 96e ligne, 2e c., sergent-major. *Hôpital militaire, Spandau.*
Vergougnes, Alex., Monfaucon, 58e ligne, 1e c. *Hôpital militaire, Spandau.*
Villeneuve, Etienne, 67e ligne, 4e c. *Hôpital de réserve 3, Hanovre.*
Varennes, Gilbert, Hérisson, 58e ligne, 4e c. *Hôpital militaire de Spandau.*
Voisin, Jean, 28e ligne, 6e c. *Hôpital de réserve 3, Hanovre.*
Vialleton, Félix, 98e ligne, 3e c. *Hôpital de réserve 3, Hanovre.*
Voyez, Ferd., 98e ligne, 1e c. *Hôpital de réserve 3, Hanovre.*
Villenave, Bertrand, 48e ligne, 1e c. *Hôpital de réserve 3, Hanovre.*
Vallance, Alfred, 13e chass. à pied, 4e b., clairon. *Hôpital de réserve 3, Hanovre.*
Valette, Jacques, 28e ligne, 3e c. *Hôpital de réserve 3, Hanovre.*
Villemain, Joseph, Metz, 17e chass. à pied, coup de feu au bras droit. *Hopital de réserve 3, Hanovre.*
Vergnes, Ang., Santerre (Aveyron). † à *Carlsruhe*, le 20 Septembre de blessures.
Vincent, E.-J., 3e ligne. Evacué sur *Ingolstadt.*
Vialle, J.-B., 47e ligne, 1e c. *Hôpital de réserve 3, Hanovre.*
Verdier, Etienne, Peuton (Mayenne), 54e ligne, 2e b., 3e c., coup de feu à la cuisse. *Baraques, Mannheim.*
Vollée, Edouard, Paris, 98e ligne, 1er b., 3e c., coup de feu à la cuisse. *Baraques, Mannheim.*
Voillot, André, Paris, 50e ligne, 1er b., 4e c., coup de feu au coude droit. *Ecole du tir, Mannheim.*
Vignal, Jean, 3e drag., 3e esc. *Baraques, Brême.*

Veaux, Honoré, 40ᵉ ligne, 1er b , 4e c. Guéri et évacué sur *Posen*.

Vernevaux, Emile, 12e d'artill. monté, sous-officier. Evacué sur *Cosel*.

Vigroux, Louis, Ponigny, 5e ligne. *Hopital de réserve, Schwetzingen.*

Vincent, J., Wissembach, 75e ligne. *Hopital de réserve, Schwetzingen.*

Valach, Jean, Limange, 98e ligne. *Hopital de réserve, Schwetzingen.*

Vasseur. Alfred, Agecourt (Aisne), 1er inf. de marine, typhus. † à *Glogau*, le 4 Octobre.

Villain, Henri, Cassel. 72e ligne, typhus, † à *Lichtenfels*, le 23 Septembre.

Vincent, Jos., 19ᵉ chass. à pied, typhus. † à *Mayence*, le 13 Octobre.

Vivienne, Louis St-Roix (Aveyron), 3ᵉ ligne, 1er b.. 3ᵉ c. *Hopital de réserve, Zittau*.

Valet, Jos., Bougnon (Haute-Saône), 11e ligne, 1e b., 5e c., coup de feu à la cuisse droite. *Hopital de réserve, Zittau.*

Vignal, Louis, Braule (Ardèche), 37e ligne, 3ᵉ b , 4e c., coup de feu à la cuisse droite. *Hopital de réserve, Zittau.*

Vialle, Pierre, Arronsat (Somme), 25ᵉ ligne, 3ᵉ c. coup de feu au bras droit † à *Ars-sur-Morelle*, le 28 Août.

Vorne, Claude, Pusignet, 12e chass. à pied, coup de feu à la jambe droite. † à *Ars-sur-Moselle*, le 4 Septembre.

Vochole, Joseph, 20ᵉ d'artill. 4e batt. *Caserne Welfen, Hanovre.*

Varret, Joseph, Bouilleux (Isère), 46ᵉ ligne, 2ᵉ b., 5ᵉ c., coup de feu au genou droit. *Hopital de réserve, Zittau.*

Veaudézaut, François, Toul, 47e ligne, 2e c. *Hopital de réserve 1, Francfort-s.-M.*

Verdié, Etienne, Peuton, 54e ligne. *Hopital de réserve, Schwetzingen.*

Vallès, Ed., Paris, 94ᵉ ligne, coup de feu à la cuisse droite. *Hopital de réserve, Schwetzingen*

Vannier, 7e ligne. *Coeslin.*

Véon, 1er chass. à pied. *Cœslin.*

Villaume, 10e ligne, *Cœslin.*

Viard, 1er génie, sergent fourrier. *Coeslin.*

Vichard, 79e ligne. *Cœslin.*

Volcan, 8e cuirass. *Cœslin.*

Vizeron, 74e ligne. *Coeslin.*

Vozart, G., 99e ligne, *Hopital de la gare, Carlsruhe.*

Valognes, 10ᵉ ligne. *Coeslin.*

Valette, Aug., Millau (Aveyron), 72e ligne. † à *Leipzig*, le 1ᵉʳ Octobre.

Voitin, Louis, Besuille (Eure), 80ᵉ ligne, 5ᵉ c. *Dépot de prisonniers, Leipzig.*

Villet, Louis, 2ᵉ zouaves, coup de feu à la jambe droite. *Loge maçonnique Altenbourg.*

Vatillard, Louis-Aug., 24e ligne. Evacué sur *Hanovre.*

Wechster, Joseph, 1er génie, 1er b., 3e c. *Hopital à Hanovre.* Evacué sur *Magdebourg.*

Wellcomme, Charles 48e ligne, 1re c. *Hopital de réserve 3, Hanovre.*

Weyrich, Joseph, 40e ligne, 6e c. *Hopital de réserve 3, Hanovre.*

Weber, Jean Riquewiller (Haut-Rhin), 95e ligne, 2e b., 5ᵉ c. *Caserne 20, Wittenberg.*

Weber, Andréas, 63e ligne, 4e c. *Hop'tal de réserve 3, Hanovre.*

Weyrich, Jos., 40ᵉ ligne, 6ᵉ c. *Hôp. de rés. 3, Hanovre.*

Willemin. Jos., Metz, 1er chasseurs à pied, désarticulation du bras droit. *Hopital de réserve à Schwetzingen.*

Wenger, Auguste. Rohrwiller (Bas-Rhin), 88e ligne, typhus. † le 13 Octobre à *Posen.*

Wettewiller, Réné, 7e lég. de gendarmerie gendarme. *Hopital de réserve Dessau.*

Wetterlin. 1er zouaves 3e b. *Hopital de réserve, Dessau.*

Walter, Salomon, Willer (Haut-Rhin), 19e artill. 8e b., brigadier, coup de feu au genou gauche. *Caserne neuve, Offenbach.*

Wolf, Félix, Guebwiller (Haut-Rhin), 12e ligne, coup de feu à la tête et au bras. *Heils. fabrique à Worms.*

Winkel, François, Filsdorf (Moselle), 1er ligne, 5e c , blessé au larynx. *Heils, fabrique, Worms.*

Wetzel, 67e ligne, 5e c. *Ambulance à Boulay.*

Wilhem, Jos. Evacué sur *Hanovre.*

Ybert, Jules-Edouard, Heugeville (Manche), 2e train. *Hopital de réserve, Benrath.*
Yung, Nicolas, 3e zouaves, 4e c. *Hopital de réserve, Hanovre.*
Zedewen, J., 87e ligne. *Hôpital de réserve, Carlsruhe.*
Zègre, Jules-Henri-Eugène, 64e ligne, 4e b., 2e c , typhus. † le 9 Octobre.
Ziegler, Armand, 91e ligne, 3e b., 3e c. *Baraques, Brême.*
Zimer, Jacob, 10e chass. à pied, 2e c. *Hôpital de réserve, Hanovre.*

SANS NOMS

Numéro matricule 4769, 8e ligne, coup de feu au ventre. † à *Givonne,* le 3 Septembre.
» 3676, 52e ligne, coup de feu à la poitrine. † à *Givonne,* le 3 Septembre
» 1797, 44e ligne, coup de feu à l'estomac, recueilli. † à *Nigy,* le 23 Se temb.
» 3537, 44e ligne, coup de feu au genou. † à *Nigy,* le 24 Septembre.
» 3108, 80e ligne, coup de feu à la tête. † à *Ars-sur-Moselle,* le 23 Août.

INDEX GÉOGRAPHIQUE

Oberndorf, Wurtemberg.
Oberbetschdorf, Bas-Rhin.
Offenbach, près Landau, Bavière Rhénane.

Pange, Moselle.
Pont-à-Mousson, Meurthe.
Posen, Province de Posen, Prusse.
Potsdam, Province de Brandenbourg, Prusse.

Quedlinbourg, près Magdebourg, Prusse.

Reichshoffen, Bas-Rhin.

Sachsenhausen, près Francfort-sur-le-Mein,
 Prusse.
Ste-Marie-aux-Chênes, Moselle.
Schneidemuhl, Province de Posen, Prusse.
Schwetzingen, Grand-Duché de Bade.
Seilerbahn, près Mannheim, Grand-Duché de
 Bade.
Soultz-sous-forêts, Bas-Rhin.
Spandau, Province de Brandenbourg, Prusse.
Speyer ou Spire, Bavière Rhénane.
Stolpe, Province de Poméranie, Prusse.

Stuttgart, Wurtemberg.
Stettin, Province de Poméranie, Prusse.
Saarlouis, Prusse Rhénane.
Sorau, Province de Brandebourg, Prusse.

Thorn, Prusse orientale.
Torgau, Province de Saxe, Prusse.

Ueberrach, Bas-Rhin.

Weilbach, près Nassau, Allemagne du Nord.
Weinheim, Grand-Duché de Bade.
Wiesbaden, Allemagne du Nord.
Wissembourg, Bas-Rhin.
Wittenberg, Prusse.
Wœrth, Bas-Rhin.
Worms, Bavière Rhénane.
Wesel, Prusse Rhénane.
Walbourg, Bas-Rhin.
Wallerfongen, près Trèves, Prusse Rhé-
 nane.

Zittau, Saxe Royale.

AVIS IMPORTANTS

Les lettres, les paquets et l'argent destinés aux prisonniers, blessés ou valides, s'ils proviennent d'un pays neutre, doivent être adressés *au ministère de la guerre, à Berlin* ou à l'autorité militaire de la localité où réside le destinataire, si on la connaît.

Quant aux expéditeurs qui habitent la France, ils peuvent s'adresser *au bureau de renseignements de l'Agence internationale, à Bâle*, qui leur servira d'intermédiaire officieux, mais pour les lettres et l'argent seulement, et non pour les paquets. Toute correspondance adressée à Bâle doit être affranchie (30 cent. de France en Suisse).

D'autres listes faisant suite à celle-ci seront publiées, au fur et à mesure qu'elles auront été dressées par l'administration prussienne. Chacune d'elles mentionnera, en particulier, les décès survenus parmi les hommes portés comme blessés sur les listes antérieures.

Les listes de blessés français se vendent au profit de l'œuvre du Comité international de secours.

PRIX : 1 fr. 50 c. la première. — 1 fr. les suivantes.

S'adresser à M. Georg, libraire à Bâle et à Genève.

GENÈVE. — IMPRIMERIE PFEFFER ET PUKY, RUE DU MONT BLANC.

www.ingramcontent.com/pod-product-compliance
Ingram Content Group UK Ltd.
Pitfield, Milton Keynes, MK11 3LW, UK
UKHW020040100726
13658UKWH00003B/1435